AF325399

POUR L'EUROPE
VOTEZ NON !

DU MÊME AUTEUR

*L'Énarchie ou les mandarins de la société bourgeoise*, La Table ronde, 1967.
*Socialisme ou Socialmédiocratie*, Le Seuil, 1969.
(Ces deux ouvrages, en collaboration, sous le pseudonyme collectif de Jacques Mandrin.)
*Le vieux, la crise, le neuf*, Flammarion, 1972.
*Les socialistes, les communistes et les autres*, Aubier-Montaigne, 1977.
*Apprendre pour entreprendre*, Hachette, 1985.
*Le Pari sur l'intelligence*, Flammarion, 1985.
*Une certaine idée de la République m'amène à...*, Albin Michel, 1992.
*Le Temps des citoyens*, Le Rocher, 1993.
*Le vert et le noir : intégrisme, pétrole, dollar*, Grasset, 1995.
*France-Allemagne, parlons franc*, Plon, 1996.
*La République contre les bien-pensants*, Plon, 1999.
*La République prend le maquis*, Mille et Une Nuits, 2001.
*Le Courage de décider*, Robert Laffont, 2002.
*Défis républicains*, Fayard, 2004.

Jean-Pierre Chevènement

# Pour l'Europe votez non !

Fayard

*Le courage, c'est de chercher la vérité et de
la dire ; c'est de ne pas subir la loi du
mensonge triomphant qui passe, et de ne pas
faire écho...*

Jean Jaurès


*La démocratie et la souveraineté nationale
sont comme l'avers et l'envers d'une même
médaille.*

Charles de Gaulle


*L'abdication d'une démocratie peut
prendre deux formes, soit le recours à une
dictature interne par la remise de tous les
pouvoirs à un seul homme, soit la délégation
de ces pouvoirs à une autorité extérieure,
laquelle, au nom de la technique, exercera en
réalité la puissance politique.*

Pierre Mendès France

INTRODUCTION

# L'Europe dans un monde
# radicalement transformé

Les Français ne sont pas appelés à voter « pour » ou « contre » l'Europe. Ils ont à se prononcer sur un texte qu'on leur présente comme une « Constitution » et qui fixe un grand nombre de règles. Aucune propagande ne doit occulter cette réalité. Dès lors, la seule question qui se pose est de savoir ce que valent ces règles.

*

Napoléon disait d'une Constitution qu'elle devait être « courte et obscure ». La « Constitution européenne » n'obéit qu'à une seule de ces deux recommandations. Elle est en effet démesurément longue (448 articles, 2 annexes, 34 protocoles, 34 « déclarations interprétatives » de la Conférence, 5 déclarations d'États membres, soit un ensemble imposant de plusieurs centaines de pages !).

En revanche, la « Constitution européenne » satisfait, au-delà de toute espérance, au deuxième critère fixé par Napoléon : elle est remarquablement obscure. Riche en invocations pieuses et en « tunnels », elle multiplie à la fois les contradictions et les redites. Comme on dit dans mon Haut-Doubs natal, « une vache n'y retrouverait pas son veau ».

À vrai dire, on ne peut rien comprendre à la Constitution européenne si on ne la replace pas dans l'environnement global de ce début du XXI<sup>e</sup> siècle, économique, social, politique et diplomatique. Pour saisir la signification de ce document et échapper à la version naïve et profondément édulcorée qu'en diffusent massivement les brochures officielles, il faut bien sûr lire attentivement le texte, mais surtout le mettre en rapport avec le contexte. Alors tout s'éclaire.

*

Près de cinquante ans ont passé depuis la conclusion du traité de Rome. Le monde a radicalement changé. De bipolaire, il est devenu unipolaire. Nos économies coexistaient, repliées sur elles-mêmes. Nous vivons aujourd'hui la « globalisation ». Rien ne peut plus être comme avant. Or, le projet de « Constitution européenne » fait comme si, sur l'essentiel, dans un environnement complètement transformé, nous pouvions continuer demain à vingt-cinq, ou à trente-trois, ce que nous avions entrepris, hier, à six.

Le succès de la construction européenne dans le demi-siècle qui a suivi la fin de la Deuxième Guerre mondiale tient à la rencontre de deux grands courants : d'abord une volonté de paix à tout prix, parfaitement compréhensible entre des nations européennes également blessées par deux affrontements meurtriers, et ensuite un projet de libéralisation de l'économie encouragé par les États-Unis, et d'ailleurs partagé, de ce côté-ci de l'Atlantique, par tous ceux qui voyaient, à juste titre, dans la création d'un grand marché européen, un facteur de modernisation.

La « mystique » de l'Union européenne, nourrie par l'horreur des deux guerres mondiales, est retombée : les peuples européens sont, aujourd'hui, profondément pacifiques, pour ne pas dire pacifistes. Aucune guerre ne saurait plus éclater entre les grands pays européens sur un continent que les rêves d'hégémonie ont déserté depuis plus d'un demi-siècle. Faire de l'Europe aujourd'hui un rempart contre la guerre relève d'une propagande grossière. Hélas, on le voit dans les Balkans, nous ne sommes pas à l'abri de conflits ethniques, voire tribaux, ou d'affrontements intercommunautaires sur notre continent, voire en France. Ces risques – bien réels – nous font mieux apprécier les vertus de la « nation républicaine ».

Au lendemain de la Deuxième Guerre mondiale, les « pères de l'Europe » (Jean Monnet, Robert

Schuman, Konrad Adenauer) et, derrière eux, beaucoup d'Européens sincères ont confondu les deux conceptions de la nation qui s'étaient affrontées depuis la fin du XIXe siècle : sa conception républicaine (définie comme « communauté de citoyens ») et sa conception « ethnique ».

Soucieux d'exorciser le passé proche, les « pères fondateurs » ont renvoyé, par une sorte de mensonge pieux, toutes les nations dos à dos. Ils ont confondu la nation et le nationalisme. Celui-ci est une perversion de celle-là. Il n'en est nullement le corollaire. Leur échappait le fait que la nation est d'abord, aux temps modernes, le cadre naturel de la démocratie, comme la Cité l'avait été dans l'Antiquité grecque. Ils oubliaient aussi cette remarque de Tocqueville que la démocratie ne peut pas bien fonctionner dans un espace multilingue.

Les « pères de l'Europe » ont donc mis en marche une mécanique institutionnelle dont le but, non avoué au départ, était de créer une Fédération européenne en marginalisant les nations. Il s'agissait d'établir progressivement entre elles, par la méthode des « petits pas », des « solidarités de fait » et de mettre en quelque sorte les peuples devant le fait accompli. Les « pères de l'Europe » créèrent, en 1958, une union économique : le Marché commun. Ce fut une réussite. L'idée était, sur cette base, de créer l'union monétaire qui, elle, entraînerait l'union politique. Ainsi fut faite la monnaie unique, mais non l'union politique.

Celle-ci fut un échec, comme le manifestèrent à l'extérieur l'incapacité de l'Europe, animée d'intérêts divers, à mettre fin aux guerres balkaniques (1991-1999), et surtout la division des Européens dans la crise irakienne (2003).

À l'intérieur, un « déficit démocratique » apparut, sanctionné par un abstentionnisme croissant aux élections européennes. Après les « Trente Glorieuses », les « Trente Piteuses[1] ». Depuis trois décennies (1974-2005), un chômage de masse s'est installé dans les sociétés européennes (plus de 10 % de la population active). La pertinence des règles européennes, surtout après le traité de Maastricht (1992), devint l'objet d'un débat permanent : enchaînées au marché, la politique et donc la démocratie ne se trouvaient-elles pas progressivement asphyxiées ? Il devenait évident que les « solidarités de fait », économique et monétaire, ne suffisaient pas à créer une « solidarité politique ». La « méthode Monnet », dite du « détour », avait fait son temps.

*Les défis du monde nouveau*

Le contexte, aussi bien, a radicalement changé pour la construction européenne : l'ancienne bipolarité du monde n'est plus qu'un souvenir. La domination de l'hyperpuissance américaine s'impose à l'orée du XXIe siècle, mais la montée de la Chine et des

---

1. Selon l'expression imagée de Nicolas Baverez.

puissances de l'Asie va peu à peu changer la donne. L'élargissement à l'Est a fait passer le nombre des États membres de l'Union européenne à vingt-cinq. Il pourrait, d'ici quelques années, dépasser la trentaine. Nous sommes loin de l'Europe à six des « pères fondateurs ». Soixante ans après la fin de la Deuxième Guerre mondiale, les nations ont accompli leur travail de mémoire. L'Allemagne, en particulier, comme l'a dit le Chancelier Schröder, « a intégré la Shoah comme une composante de son identité nationale ». Ce faisant, elle est devenue une nation démocratique normale, consciente des atouts de l'Allemagne, mais aussi de ses faiblesses et de ses fautes. Cette normalisation démocratique crée les conditions d'un dialogue plus profond avec les autres nations européennes, notamment avec la France et la Russie. De l'Atlantique à l'Oural (et même au-delà), le rêve gaullien d'une Europe tout entière réconciliée peut prendre forme.

Enfin, les règles du jeu de l'économie mondiale ont été profondément bouleversées. Le marché s'est mondialisé et le dollar s'est imposé comme seule monnaie internationale. Pour porter un jugement objectif et éclairé sur les règles que l'on nous propose aujourd'hui de constitutionnaliser, il est indispensable de mesurer ces immenses changements :

Le Marché commun était une bonne idée. Nos entreprises avaient et ont besoin d'un grand marché pour développer des « effets de série ». On parle aujourd'hui, avec l'Europe à vingt-cinq, d'un marché de 450 millions de consommateurs. Mais le marché, en fait, est devenu mondial : un demi-siècle après la conclusion du traité de Rome, il n'y a plus, en réalité, de tarif extérieur commun. De « Kennedy Round » en « Uruguay Round », de GATT en OMC[1], les droits de douane ont été systématiquement érodés. La « préférence communautaire » initiale a disparu, en vertu d'une croyance abstraite dans les vertus du libre-échange censé procurer à travers la loi des « avantages comparatifs » de Ricardo[2], des gains de pouvoir d'achat et, par conséquent, de croissance illimités. La philosophie libérale de l'OMC, reprise à Bruxelles, fait comme si le libre-échange généralisé à l'échelle mondiale pouvait fonctionner, avec des disparités salariales de un à vingt (avec la Chine,) voire à cent (avec le Bangladesh ou le Pakistan), comme au temps de Ricardo quand le vin de Porto s'échangeait contre le drap anglais, avantageusement pour les deux parties.

De cette ouverture tous azimuts a résulté une crise industrielle et des délocalisations qui s'accélèrent. Alain Minc, le gourou de la pensée conforme, développe bien la thèse selon laquelle « les Américains sont les plus dynamiques de tous pour "délocaliser" et connaissent néanmoins un quasi plein emploi[3] ». Alain Minc n'oublie que le

---

1. GATT : General Agreement on Tariffs and Trade, 1948.
   OMC : Organisation mondiale du commerce, 1994.
2. David Ricardo, économiste anglais du début du XIX$^e$ siècle.
3. Alain Minc, *Ce monde qui vient*, Grasset, 2004, p. 51.

privilège du dollar qui permet aux États-Unis de financer la relance de leur économie avec la planche à billets : en résultent une croissance beaucoup plus forte et un creusement de « l'écart technologique » avec l'Europe, laissée loin derrière.

Le libre-échangisme généralisé repose ainsi sur des règles du jeu complètement faussées en matière monétaire et sociale et sur des déséquilibres structurels massifs et durables. Il ne permet pas d'exploiter les fameux « avantages comparatifs » chers à Ricardo. En minant le tissu industriel européen, il tend au contraire à consacrer, selon l'excellente formule de Pierre Leconte, des « désavantages définitifs ».

En reprenant des dispositions libérales désuètes et souvent nocives, la « Constitution européenne » ne permet pas de corriger les règles du jeu biaisées de la « globalisation ». Elle retarde à tous égards et ne donne pas à l'Europe les moyens de relever les défis du monde nouveau. Elle ne permet pas de relancer l'économie, ni de rapprocher la décision du citoyen, ni d'affirmer l'Europe dans l'ordre international. Ses règles nous désarment dans la compétition mondiale. Institutionnellement, elle ne peut conduire qu'à la paralysie de la décision. En matière extérieure, elle consacrerait la subordination aux États-Unis. C'est ce que j'entends démontrer tout en proposant une autre méthode afin de faire naître au XXIe siècle l'acteur européen stratégique dont nous avons besoin.

Chapitre premier

# Du désarmement économique
# unilatéral au naufrage social


M. Giscard d'Estaing a évalué à quarante ou cinquante ans l'« espérance de vie » de la « Constitution européenne ». Une Constitution est, en principe, faite pour durer. Celle-là ne peut être révisée qu'à l'unanimité, ce qui, déjà difficile à quinze, devient proprement impossible à vingt-cinq ou à trente-trois. Le problème, avec la « Constitution européenne », est qu'elle consacre soixante articles aux questions proprement institutionnelles et tout le reste, si on exclut la bavarde « Charte des droits fondamentaux » (54 articles)[1], à la définition des politiques de l'Union, soit 325 articles sur un total de 448 ! C'est dire que cette Constitution décrit moins des institutions que des politiques, moins un contenant que des contenus.

---

1. *Cf.* chapitre II, p. 51.

A-t-on jamais vu qu'une Constitution, sauf à jouer sur les mots, se mêle de définir dans le détail des politiques publiques ? Tel est pourtant le cas du texte qu'on nous propose d'approuver ! Il met un terme à l'exercice de la démocratie en « constitutionnalisant » des politiques reposant sur le dogme libéral. Cette « Constitution » non révisable signe pour l'Europe la « fin de l'Histoire ». Il fait tomber sur elle la chape de plomb d'une orthodoxie libérale à perpétuité.

## FAISONS UN RÊVE

Les chefs d'État et de gouvernement réunis à Bruxelles les 17 et 18 juin 2004 auraient pu choisir d'affronter l'obstacle le plus visible et de faire face à la réalité sociale que vivent quotidiennement les peuples européens, et d'abord le nôtre : croissance en berne, désindustrialisation accélérée, chômage de masse frappant d'abord la jeunesse, inégalités toujours accrues, avenir brouillé, etc. Il n'est pas besoin d'être grand clerc pour savoir que les institutions européennes telles qu'elles fonctionnent, en vertu des textes européens successifs, rendent très difficile une politique industrielle et impossible la restauration d'une préférence communautaire, interdisent une politique monétaire et particulièrement une politique de change, empêchent enfin toute relance économique fondée sur un programme d'investissements publics.

Nos chefs d'État et de gouvernement auraient pu redresser la barre :

• Par exemple en modifiant les statuts de la Banque centrale européenne. Ainsi, le soutien à la croissance et pas seulement la lutte contre l'inflation aurait pu figurer parmi ses objectifs : l'Europe serait ainsi en mesure de mettre en œuvre une politique monétaire destinée à relancer l'économie et à lutter contre la dépréciation du dollar (plus de 60 % en trois ans) qui pénalise nos exportations et dissuade les entreprises d'investir dans la zone euro, faisant de celle-ci la lanterne rouge de la croissance mondiale. Nos dirigeants auraient pu donner de réels pouvoirs à l'Eurogroupe (on appelle ainsi la réunion des ministres des Finances de la zone euro), bref, en faire un véritable « gouvernement économique ».

• Nos chefs d'État et de gouvernement, s'ils avaient été éclairés, auraient revu autrement qu'à la marge le pacte de stabilité budgétaire qualifié de « stupide » par M. Prodi[1]. La déduction de l'investissement (ainsi dans la recherche) du montant des déficits autorisés (3 % du PIB) eût été un sûr moyen de relancer l'économie, de combler le retard scientifique et technologique de l'Europe sur les États-Unis et le Japon et, ainsi, de préparer l'avenir.

• Jacques Chirac prône la relance d'une politique industrielle. Il aurait pu s'aviser que celle-ci est bridée, plus encore que par le pacte de stabilité

_______________

1. Ancien président de la Commission européenne.

budgétaire, par le contrôle tatillon exercé sur les aides publiques qui résulte du sacro-saint principe d'une « concurrence libre et non faussée » que les traités européens répètent indéfiniment comme l'alpha et l'oméga de leur philosophie. Les chefs d'État et de gouvernement auraient pu relativiser ce principe de la concurrence, érigé en dogme, en affirmant qu'il ne pouvait faire obstacle à la mise en œuvre de politiques industrielles destinées à freiner les délocalisations.

Pas davantage ce principe de la concurrence ne devrait remettre en cause l'existence de services publics convenablement financés, afin de soustraire certains biens vitaux à la dure loi du marché, mettant ainsi un peu d'égalité dans nos sociétés déchirées. Le mot même de « service public » eût pu être introduit dans la Constitution sans offenser la pudeur des libéraux : il eût suffi d'une demande de dérogation, comme je l'avais suggéré pendant la campagne présidentielle de 2002.

Nos dirigeants auraient pu rendre faciles les coopérations renforcées à géométrie variable : ils auraient donné à la construction européenne souplesse et efficacité, et ils auraient rendu service à la démocratie.

Bref, nos chefs d'État et de gouvernement auraient pu s'attaquer aux obstacles qui freinent la croissance, sapent la justice et interdisent le progrès. S'ils avaient choisi cette voie pragmatique en portant leur effort là où le bât blesse, j'aurais salué leur courage. Au moins, me serais-je dit, il y a un début de prise de conscience et une véritable réorientation de la construction européenne dans le contexte d'une mondialisation qui échappe à toutes les règles. Rien de tel ne ressort du texte de la « Constitution européenne » que j'ai pourtant pris soin de lire et de relire ligne à ligne. Les chefs d'État et de gouvernement ont tout simplement contourné les obstacles et repris pour l'essentiel les propositions, déconnectées de toute réalité sociale et politique, de la Convention présidée par M. Valéry Giscard d'Estaing.

Limitons encore notre part de rêve : nos chefs d'État et de gouvernement auraient pu se borner à ne rien dire de politiques tout entières inspirées par un credo libéral, bref, faire l'économie de la troisième partie de la soi-disant « Constitution européenne ». Ils n'en ont évidemment rien fait.

Ne rêvons pas : ceux qui nous gouvernent ont fini par entériner, dans un texte dit de « Constitution européenne », l'essentiel des règles qui nous désarment. Au lieu de les modifier, ils les ont pérennisées. Certes, les bonnes intentions proclamées ne manquent pas : « économie sociale de marché, plein emploi, égalité, respect des droits de l'homme, etc. » Mais quel préambule constitutionnel n'en est pas prodigue ? Où a-t-on vu une Constitution affirmant des idéaux qui ne soient pas généreux ? Le propre de la « Constitution européenne » est qu'aucun dispositif ne vient jamais étayer ces motifs. Les seules règles précises et contraignantes qu'elle énonce tendent à imposer une concurrence « libre et non faussée ». Les privilégiés qui ont intérêt à un marché dérégulé, dur aux faibles et doux aux puissants, sortent seuls vainqueurs de la « constitutionnalisation » de ce libéralisme intégral.

Le mot « banque » apparaît 176 fois, le mot « marché » 88 fois, le mot « commerce » 38 fois, les mots « concurrence » ou « concurrentiel » 29 fois. C'est à bon droit qu'on a pu parler de ce texte comme d'une « Constitution libérale ».

## LE DOGME FONDATEUR

Commençons par le commencement : le principe qui domine tous les autres, affirmé dès l'article I-3 de la Constitution, celui d'un « marché intérieur où la concurrence est libre et non faussée », principe répété à satiété tout au long du texte. Cette formulation reprend, en la précisant, celle du traité de Maastricht (aucune politique ne peut contrevenir au « principe d'une économie ouverte où la concurrence est libre », principe dont on sait toutes les conséquences qu'en a tirées la Commission pour démanteler les politiques industrielles et libéraliser les services publics). Rien ne peut faire espérer un changement de cap, pas même le remplacement de M. Monti comme Commissaire à la Concurrence par Mme Neelie Kroes, la « dame de fer néerlandaise ».

Les articles III-177 et suivants de la « Constitution », qui définissent le contenu de la politique économique de l'Union, précisent avec force que celle-ci doit respecter le principe d'une « économie ouverte où la concurrence est libre, favorisant ainsi une allocation efficace des ressources » (article III-178).

Ce libéralisme dogmatique méconnaît entièrement les exigences du long terme et de l'équilibre social. Certains « sociaux-libéraux » nous disent : « On ne peut pas être contre la concurrence. » Eh bien si, justement, il y a quelques bonnes raisons d'encadrer l'économie de marché, même si on n'en conteste pas le principe.

Un libre-échangisme mondialiste frappé de cécité gouverne ainsi nos destinées : l'article III-151, alinéa 6, assigne à la Commission la responsabilité de « promouvoir les échanges commerciaux entre les pays membres et les États tiers ». L'article III-314 réitère : « L'Union contribue au développement du commerce mondial, à la suppression progressive des restrictions aux échanges internationaux et aux investissements étrangers directs, ainsi qu'à la réduction des barrières douanières ou autres. » C'est la philosophie de l'OMC ! Est-ce forcément l'intérêt de l'Union européenne que d'être un marché ouvert à tous les vents ?

L'article III-156 interdit « les restrictions tant aux mouvements de capitaux qu'aux paiements » aussi bien « entre les États membres qu'entre les États membres et les pays tiers ». On croit rêver :

c'est le capital d'abord, fût-il étranger, dont les droits à circuler à la vitesse de la lumière d'un bout à l'autre du monde sont ainsi consacrés ! Qui se préoccupera du sort des travailleurs peu mobiles et assignés au « local », comme jadis les manants à la glèbe, dans un rapport de forces aussi déséquilibré ? Il ne suffit pas de crier « Europe sociale ! ».

L'objectif de libre circulation des capitaux est encore affirmé par l'article III-157, et aucune mesure constituant « un pas en arrière » en matière de libéralisation des mouvements de capitaux n'est possible, si ce n'est à travers une loi prise par le Conseil statuant à l'unanimité, autant dire jamais. On observera que les investissements français à l'étranger sont passés, de 1980 à 2000, de 24 à 433 milliards de dollars, ceux de l'Allemagne de 45 à 442 milliards de dollars. Faut-il se réjouir de l'exode de notre épargne ? Elle améliore peut-être les rentrées de dividendes pour les plus riches, mais elle aboutit surtout à l'assèchement de l'investissement en France même et à l'obsolescence progressive de notre appareil de production.

Ce libre-échangisme dogmatique met entièrement à côté de la plaque : il méconnaît les immenses transformations du monde depuis un demi-siècle, et d'abord les deux asymétries fondamentales de la « globalisation » : le privilège du dollar, d'un côté, et, de l'autre, le caractère structurel des très bas coûts de main-d'œuvre dans les pays d'Asie.

LES DEUX ASYMÉTRIES FONDAMENTALES
DE LA GLOBALISATION

*Un droit de seigneuriage*

Le dollar est devenu la monnaie mondiale.
Depuis 1971, il n'est plus convertible en or. Son
vrai fondement est la puissance des États-Unis.
Ceux-ci peuvent donc financer leur croissance et
leur déficit avec des émissions de titres ou de bons
du Trésor libellés en dollars. Ils captent ainsi 80 %
de l'épargne mondiale. Libre à eux de financer à
crédit leur reprise, en offrant à leur population déjà
très privilégiée de pouvoir s'endetter à des taux
voisins de zéro. C'est un véritable droit de seigneuriage ! L'Europe n'a pas ces possibilités et ne s'est
pas donné les moyens de les acquérir. Ainsi, dans la
globalisation, les États-Unis disposent sur l'Europe
d'un avantage incomparable : ils amortissent les
cycles économiques par le déficit budgétaire et une
politique d'argent bon marché dont ils ont pu
jusqu'à présent maîtriser les conséquences. Il faut
en revanche environ cinq ans pour que les politiques de reprise mises en œuvre aux États-Unis
traversent l'Océan et fassent sentir en Europe leurs
effets (1982-1988, 1992-1997, 2003-2008 ?).
Aussi ne faut-il pas s'étonner que la croissance en
Europe soit inférieure d'un bon tiers, sur la longue
période, à la croissance américaine : les États-Unis
captent ainsi les flux d'investissement, attirent les
chercheurs du monde entier et creusent l'écart
technologique avec l'Europe. Les pays créanciers

des États-Unis ont intérêt à y acheter et à y investir. De ce cercle vicieux, les États-Unis sont les grands bénéficiaires : qui s'endette indéfiniment s'enrichit indéfiniment. C'est là ce que j'appelle la première asymétrie fondamentale caractéristique de l'actuelle globalisation.

## Les multinationales libres dans le poulailler mondial libre

Il en existe une deuxième : sur le marché mondial, les firmes multinationales peuvent mettre en concurrence librement les territoires et les mains-d'œuvre. Or, les écarts de salaires, même corrigés des variations de productivité, peuvent varier de un à vingt, voire à cent. Ces écarts ne sont pas destinés à s'effacer, du moins en Chine ou en Inde. Par la masse de leur paysannerie, ces pays disposent d'une « armée industrielle de réserve » immense, et, par conséquent, d'un avantage comparatif de longue durée. On ne voit pas comment l'Europe, marché ouvert à tous les vents et s'interdisant elle-même toute protection et toute politique industrielle, pourrait préserver son tissu productif. C'est le triomphe des renards libres – les multinationales – dans le poulailler mondial libre ! Pour plus de moitié, le commerce extérieur chinois est le fait des multinationales. Même Alain Minc se laisse aller à prédire « un capitalisme d'apoca-lypse », un « Singapour à la puissance mille[1] ».

_______________
1. Alain Minc, *op. cit.*, p. 53-54.

Ainsi les règles du jeu de l'économie mondiale libéralisée font, pour l'Europe, de la compétition internationale une course à handicap. C'est comme si nous devions courir avec des boulets attachés à nos pieds. Ces handicaps (absence de toute préférence communautaire, libération intégrale de tous les mouvements de capitaux, monnaie à la parité surévaluée), nous nous les infligeons nous-mêmes en adoptant les règles et les procédures qui résultent des textes européens repris et cristallisés par la « Constitution » ! Comment l'économie européenne échapperait-elle à l'exode de son épargne et à la migration de son tissu productif vers des zones appelées à croître tellement plus vite qu'elle ?

Ainsi le libre-échangisme mondialiste de l'Union européenne se trouve-t-il battu en brèche par les règles du jeu biaisées qui structurent la compétition économique internationale. L'Europe se trouve menacée de deux côtés : par les États-Unis, à travers l'exode des cerveaux (*brain drain*) et un écart technologique croissant à la faveur d'un dynamisme économique constamment entretenu, et par l'Asie orientale à travers la délocalisation de notre économie manufacturière, attirée à la fois par des très bas salaires et par un immense marché potentiel. L'Europe est devenue une zone de croissance faible, où l'investissement stagne et dont l'épargne, forte, se place à l'extérieur. Chômage et précarité y semblent durablement installés. Ouverte à tous les vents, offerte à tous les coups, l'Europe est en panne d'avenir.

Si ces menaces sont réelles, il est nécessaire de réagir. Alors qu'on nous propose de « constitutionnaliser » les règles qui nous enfoncent ! Ces règles avaient peut-être leur pertinence dans les années soixante ou soixante-dix. Avec le temps, elles sont devenues néfastes, et la « Constitution » prétend les imposer aux générations futures !

La rédaction du traité peut même confiner à l'ubuesque : ainsi l'article III-131 préconise-t-il que « les États membres se consultent en vue de prendre en commun les dispositions nécessaires pour éviter que le fonctionnement du marché intérieur ne soit affecté... en cas de guerre » ! *Business as usual...*

D'autres règles – clause sociale à l'OMC – seraient nécessaires, ou à tout le moins une correction monétaire de grande ampleur, pour rétablir les conditions d'une concurrence moins déloyale. L'économie de marché implique des règles du jeu. La « Constitution » ne les fournit pas. À l'inverse, elle fige dans le marbre un désarmement économique unilatéral. On nous demande de constitutionnaliser à vingt-cinq, c'est-à-dire de manière pratiquement irrévocable, des règles qui, d'emblée, nous mettent en position de faiblesse vis-à-vis du reste du monde.

*

À l'intérieur même de l'Union européenne, Mme Danuta Hubner, la commissaire européenne aux Régions, propose d'accélérer les délocalisations industrielles vers la Pologne et les « Peco[1] ». C'est une belle illustration de la solidarité européenne ! Grâce aux dispositions inscrites dans la « Constitution », l'exode de notre épargne et les délocalisations pourront se poursuivre sans frein. D'ores et déjà, les grandes firmes européennes sont plus dépendantes de la conjoncture aux États-Unis ou en Asie du Sud-Est que de celle qui prévaut en Europe. Le lien « keynésien » entre les entreprises (en tout cas les plus grandes) et l'économie nationale a été rompu. À l'ère du capitalisme financier mondialisé, tout se passe comme si les grandes entreprises ne cherchaient qu'à se débarrasser des vieux travailleurs de la « vieille Europe », dégurgitant et vomissant leurs effectifs pour gagner la taille « minceur » conforme aux canons d'une gestion mondialisée moderne.

## LES POLITIQUES PUBLIQUES À L'ENCAN

Les États peuvent-ils réagir en mettant en œuvre des politiques industrielles et technologiques volontaristes ? Sauf dérogations étroitement encadrées, l'article III-167 prohibe les aides accordées par les États membres. Ai-je

---

1. Peco : pays de l'Europe centrale et orientale.

besoin de rappeler les obstacles mis au plan de sauvetage d'Alstom par la Commission européenne ? Il faut tout l'aplomb de Dominique Strauss-Kahn[1] pour soutenir que la Commission appliquant le traité ne s'intéresse pas au statut public ou privé des entreprises. Il est bien vrai que l'article III-331 de la Constitution reprend la formulation du traité de Rome : « La Constitution ne préjuge en rien le régime de la propriété dans les États membres », mais cela n'a pas empêché M. Monti, commissaire européen à la Concurrence jusqu'en novembre 2004, de batailler ferme pour empêcher l'introduction de l'État au capital d'Alstom et pour lui imposer des « partenariats privés ».

Les aides publiques sentent le soufre : c'est ainsi qu'on a déjà vu Mme Neelie Kroes suggérer, le 26 janvier 2005, « d'en finir avec les aides d'État à caractère régional dans les pays les plus riches de l'Union ». La commissaire à la Concurrence, relayée par la commissaire aux Régions, Mme Hubner, suggère de favoriser plus largement l'implantation de grandes sociétés dans les nouveaux États membres : « C'est au tour des dix nouveaux membres de l'Union d'en profiter[2]. » C'est ainsi que la Commission accompagne ou

_______________

1. France 3, « Cent minutes pour convaincre », le 17 février 2005.

2. *Le Monde*, 29 janvier 2005, p. 7, « Paris, Londres, Berlin veulent pouvoir continuer à verser des aides à leurs régions les plus pauvres ».

plutôt précède le marché ! Fin de l'aménagement du territoire, accélération des délocalisations : tels seraient les résultats garantis d'une telle orientation politique.

En revanche, l'article III-171 précise que le Conseil ne peut adopter de mesures d'harmonisation fiscale qu'à l'unanimité. C'est la course au « moins-disant fiscal » et à la paupérisation des États. Chaque pays abaisse ses impôts pour attirer l'investissement étranger et met ses services publics à la portion congrue !

## LE SIEG, « SMIC » DU SERVICE PUBLIC

La « Constitution européenne » diabolise toute intervention publique.

Les tenants socialistes du « oui », excellant à faire prendre des vessies pour des lanternes, s'essaient à nous faire croire que le traité consacrerait une avancée décisive des services publics. C'est ainsi que Dominique Strauss-Kahn n'hésite pas à écrire : « Le traité constitutionnel reconnaît les services publics à leur juste valeur. C'est, pour les socialistes, une réorientation majeure[1]. »

Qu'en est-il exactement ?

La « Constitution » ne dit mot des services publics. Elle ne reconnaît dans son article II-96

---

1. Dominique Strauss-Kahn, *Oui, lettre ouverte aux enfants d'Europe*, Grasset, 2004, p. 74.

que des « services d'intérêt économique général »
(SIEG), et encore, dans la mesure où ils sont
conformes à la Constitution. L'article III-166,
alinéa 2, précise à cet effet que les entreprises
chargées de la gestion des services d'intérêt
économique général sont soumises aux règles de
la concurrence. Il ajoute, il est vrai, « dans la
limite où l'application de ces règles ne fait pas
échec à l'accomplissement, en droit ou en fait,
de la mission particulière qui leur a été impar-
tie ». Que signifie cette prose amphigourique ?
L'alinéa suivant permet de s'éclaircir les idées : il
assigne à la Commission le soin de prendre « les
règlements ou décisions appropriés ». Or, si la
Constitution ne fournit pas de définition du
« service d'intérêt économique général », par
contre, les documents de la Commission européenne à l'époque où il y avait une majorité de
gouvernements sociaux-démocrates en Europe
(*Notes* de 2000, *Livre Vert* de 2003, *Livre Blanc* de
2004) sont éloquents. Comme le commente
Raoul-Marc Jennar[1] « les pouvoirs publics ne
peuvent créer des services d'intérêt économique
général (SIEG) que si deux conditions sont
remplies :

a) que le marché (l'initiative privée) ne fournisse pas le service ;

---

1. Raoul-Marc Jennar, Unité de recherche, de formation et
d'information sur la globalisation (URFIG), 29 novembre
2004, p. 23.

b) que ce SIEG respecte les règles de la concurrence.

Les partisans socialistes et verts du "oui" n'hésitent pas à dire tantôt que le passage des mots "service public" aux mots "service d'intérêt économique général" n'est qu'un "glissement sémantique" (les Verts) et que SIEG "signifie service public dans le langage européen" (argumentaire du PS en faveur du "oui"). Rien n'est plus inexact. D'ailleurs, l'annexe I du *Livre Blanc* apporte sur ce point une clarification intéressante : les termes "service d'intérêt général" et "service d'intérêt économique général" ne doivent pas être confondus avec l'expression "service public" ».

Quand on connaît l'orientation ultralibérale de la nouvelle Commission européenne et l'identité des commissaires compétents à la Concurrence, Mme Neelie Kroes, la « dame de fer » qui a privatisé la Poste aux Pays-Bas, et comme commissaire au Marché intérieur, M. McCreevy, l'artisan du « miracle celtique » à coup de défiscalisations, on devine l'interprétation qui sera faite de ces dispositions : le SIEG sera tout au plus au service public ce que le SMIC est à un salaire décent.

## LA COURSE AU MOINS-DISANT SOCIAL

Le traité constitutionnel proclame que la liberté d'établissement et la liberté de circulation des services constituent des « libertés fondamentales » « garanties par l'Union et à l'intérieur de celle-ci » (article I-4). La proposition de directive déposée par le commissaire européen Bolkestein sur les « services dans le marché intérieur » n'a pas attendu la proclamation de cette « liberté fondamentale » pour suggérer d'importer un système social d'un pays moins avancé dans un autre qui le serait davantage. Elle conduirait à la disparition non seulement des services publics, mais, au-delà, du modèle européen de solidarité fondé sur la Sécurité sociale. C'est ainsi qu'on voit des camionneurs polonais se présenter à l'embauche à Berlin sur la base d'un contrat de travail polonais… Le raisonnement est simple : le droit local ne s'appliquant pas au travail temporaire, il suffit que les entreprises recourent à une main-d'œuvre intérimaire pour échapper aux normes plus contraignantes des anciens pays membres. Et l'ami Frits[1] voudrait aller encore plus loin en autorisant les entreprises à transférer le système social minimal de leur pays d'origine ! L'Union européenne irait ainsi au-devant de la libéralisation des services prévue par l'Accord général sur le commerce des services (AGCS) préparé par l'OMC. Pour encadrer cette régression sociale sans précédent, il faudrait que les inspecteurs du travail se reconvertissent dans le droit social des pays nouvellement adhérents. Qui arrêtera cette folie ? Et comment imaginer

_____________

1. Frits Bolkestein a été mon collègue comme ministre de la Défense des Pays-Bas à la fin des années quatre-vingts.

que puisse émerger un droit social européen qui, sur l'essentiel, requiert l'unanimité (article III-210, alinéa 3) et dont ni la Grande-Bretagne, ni les pays d'Europe centrale et orientale, ni les libéraux de tous pays ne veulent véritablement ?

## AU ROYAUME D'ABSURDIE : LE PACTE DE STABILITÉ BUDGÉTAIRE INTERDIT TOUTE RELANCE

Nos gouvernements pourraient-ils au moins procéder à une relance proprement européenne et ne pas attendre, comme sœur Anne, « la reprise venue d'Amérique » ? Encore faudrait-il qu'ils aient l'imagination d'Edgar Faure en son temps (1955), qui avait su distinguer le budget de fonctionnement (obligatoirement en équilibre) et le budget d'investissement que l'État pouvait financer par l'emprunt. À juste titre, car l'investissement est rentable et peut s'amortir sur la moyenne ou la longue période. Mais l'Union européenne, si elle a acquis la personnalité juridique dans l'ordre international, n'a pas acquis la qualité d'emprunteur dans l'ordre financier. Dans une matière aussi sérieuse, elle restera une éternelle mineure !

Aussi bien l'article III-184 et le protocole annexé prohibent les déficits publics supérieurs à 3 % du produit intérieur brut, reprenant ainsi imperturbablement le critère de convergence fixé à Maastricht en 1991 et confirmé en 1997 par le pacte de stabilité budgétaire. Chacun, après M. Prodi, en reconnaît l'« absurdité ». Plus la croissance est faible, en effet, et plus les déficits se creusent. Plus restrictives alors deviennent, en vertu même du pacte, les politiques budgétaires. Le « critère » nous a valu sept années d'austérité budgétaire et de croissance molle, et pour le moins un million de chômeurs supplémentaires. Quant au pacte de stabilité, ni l'Allemagne, ni la France, ni l'Italie n'arrivent à le respecter, mais personne ne veut véritablement le changer en autorisant la déductibilité des investissements. L'Union européenne retarde d'un bon demi-siècle sur Edgar Faure dont chacun sait qu'il n'était pas un révolutionnaire. Nous sommes au « royaume d'Absurdie ».

## LA BANQUE CENTRALE EUROPÉENNE : UN CANARD SANS TÊTE

La constitutionnalisation des statuts archi-réactionnaires de la Banque centrale européenne – je pèse mes mots – est proprement criminelle.

L'article I-30 réaffirme l'indépendance de la Banque centrale européenne à l'égard de toute autorité élue, et sa mission principale : maintenir la stabilité des prix. Rien sur la croissance ni sur l'emploi.

On aurait pu imaginer que la Banque centrale européenne cherche à rivaliser en matière de taux d'intérêt avec le Federal Reserve Board américain dont la mission est explicitement de soutenir la croissance et l'emploi. Mais la « Constitution » réitère (article III-188) l'interdiction faite à la Banque centrale et déjà énoncée par le traité de Maastricht, « de solliciter ou d'accepter des instructions… soit des institutions communautaires, soit des gouvernements des États membres ». Ceux-ci, bien au contraire, doivent s'engager à respecter l'indépendance de la Banque centrale et à ne pas « influencer » ses membres dans l'exercice de leurs missions (article 7 du protocole annexé n° 4).

Cet engagement, qui avait été pris à la demande du Chancelier Kohl en 1991, s'est retourné contre l'Allemagne. Certes, celle-ci continue, grâce à la puissance de ses industries d'équipement, à dégager un fort excédent commercial (130 milliards d'euros par an), mais au prix d'une croissance intérieure atone. C'est que la monnaie désormais lui échappe, l'euro ayant remplacé le mark. Le cercle vertueux est brisé. L'économie allemande ne retrouve plus la contrepartie de ses efforts dans un taux d'intérêt plus bas que celui de ses concurrents, bien au contraire. De surcroît, l'appréciation constante de l'euro par rapport au dollar pèse sur les marges de ses entreprises. La Banque centrale européenne a toujours suivi avec beaucoup de retard, depuis sa création, la politique menée par le Federal Reserve Board. Elle n'abaisse ses taux d'intérêt qu'avec réticence. Elle n'obéit qu'aux impulsions des marchés financiers. Si encore la

Banque centrale européenne avait une bonne raison de maintenir le cap de l'euro fort : augmenter par exemple le rôle de l'euro dans les transactions internationales, et plus encore dans les réserves monétaires des banques centrales ! Mais rien de tout cela n'est en vue. Le défaut de vision politique de la Banque centrale européenne se traduit dans sa mauvaise gestion : pour le seul exercice 2004 le montant de ses pertes a atteint 1,6 milliard d'euros en raison de la dévaluation du dollar. Pourquoi n'a-t-elle pas converti une plus grande partie de ses dollars en euros, en yens ou en or ? C'eût été donner un signal fort pour faire de l'euro une deuxième monnaie internationale de réserve, et accessoirement amener les États-Unis à corriger leur politique. Mais cela suppose une vision stratégique.

On ne voit malheureusement pas qu'une volonté politique paraisse s'esquisser au sein de la zone euro (appelée à s'étendre aux nouveaux adhérents et à la Grande-Bretagne, si elle le décide) pour contrer l'hégémonie du dollar et installer l'euro comme véritable monnaie de réserve internationale.

L'euro pèse 19 % des réserves mondiales, soit à peu près le poids que pesait le deutsche Mark avant la création de la monnaie unique, contre 62 % pour le dollar. L'euro est en réalité une monnaie de seconde zone. Il juxtapose des économies différentes. Surtout, il n'est sous-tendu par aucune volonté politique. Il n'exprime aucune puissance. Sa parité reflète passivement

les orientations de la politique monétaire américaine : elle est l'envers de celle du dollar qui fait,
elle, l'objet d'une politique. Comme disait un
ancien secrétaire d'État américain au Trésor :
« Le dollar est notre monnaie. C'est votre
problème. » L'euro ressemble à un canard dont
on aurait coupé la tête : il peut voler dans toutes
les directions, mais sans savoir où. Voilà pourquoi
M. Trichet ne parle jamais que pour ne rien dire.

Le Conseil des gouverneurs et le Conseil
général de la Banque centrale européenne
réunissent les gouverneurs des banques centrales
nationales. On se souvient que ce fut une des
propositions du « groupe Delors », lui-même
constitué en 1988 de banquiers centraux, dans la
préparation de la monnaie unique. Les six
membres du directoire sont certes nommés par le
Conseil, mais parmi des « personnes dont l'autorité et l'expérience professionnelle dans le
domaine monétaire ou bancaire sont reconnues »
(article 11, alinéa 2 du protocole sur la Banque
centrale européenne). Ces dispositions assurent
la parfaite orthodoxie de l'aréopage qui décide
de la politique monétaire de l'Union, c'est-à-dire
d'une politique essentielle en matière de régulation économique. Les statuts de la Banque
centrale européenne constituent une régression
politique sans précédent historique.

« Il faut, disait Napoléon Bonaparte, que la
Banque de France soit dans la main du gouvernement mais n'y soit pas trop. » C'est pourquoi
il avait institué, à côté du gouverneur de la

Banque, nommé par le gouvernement, le « Conseil des régents » qu'abolit Léon Blum en 1936, au nom de la lutte contre les « deux cents familles ». Avec la Banque centrale européenne, nous sommes revenus non seulement sur la nationalisation de la Banque de France par Léon Blum, mais bien en deçà de Napoléon Bonaparte lui-même : les gouvernements et les citoyens ont été définitivement mis aux « abonnés absents ». La politique monétaire a été confiée à la seule espèce des banquiers centraux, quintessence de ce qui peut se faire de plus réactionnaire dans les sociétés humaines.

Face à l'hégémonie du dollar, l'Europe est ainsi désarmée, et elle l'est par les statuts mêmes de la Banque centrale qu'on nous propose de « constitutionnaliser ».

Cet immobilisme en matière de régulation monétaire est consternant. Il évoque la stratégie du général Gamelin pendant la « drôle de guerre ». Faudra-t-il attendre, pour réagir, que l'euro, dont la réévaluation a déjà atteint 60 % depuis l'an 2000 (un euro valait 0,80 dollar, il en vaut aujourd'hui plus de 1,30), dépasse la cote d'alerte d'un dollar et demi pour un euro ? C'est l'étouffement programmé de l'économie européenne : ralentissement, voire recul de nos exportations, effritement de nos parts de marché, découragement de l'investissement étranger, incitation à la fuite de l'épargne et à la délocalisation des activités, croissance bloquée. Seuls en hausse : le chômage et la précarité !

En proposant de pérenniser le pouvoir donné à M. Trichet et à ses clones, les gouvernements européens se lient les mains de manière totalement irresponsable dans un domaine clé : celui de la régulation monétaire. Ils se condamnent à un rôle de spectateurs dans la crise qui vient.

*La pépite libérale*

Si, on l'a vu, la « Constitution européenne » n'est pas courte, avec ses 448 articles et ses 75 annexes, elle répond cependant au deuxième « canon » fixé par Napoléon : l'obscurité.

L'erreur serait cependant de ne voir dans la « Constitution » qu'un texte interminable et prolixe, prodigue de vœux pieux et rempli de contradictions : au cœur de ce magma passablement hermétique, il y a une logique toute bardée de règles et caparaçonnée de principes, celle que je viens de mettre au jour comme on extrait d'une boue conceptuelle la pépite d'un libéralisme pur : principe d'une « concurrence libre et non faussée » martelé à longueur de texte, et le reste qui s'en déduit : démantèlement des politiques et des services publics, prohibition des restrictions de toute nature à la liberté de circulation des biens, des services et des capitaux, liberté d'établissement allant jusqu'à l'importation de la législation sociale du pays d'origine, interdiction des politiques de relance reposant sur le déficit public, abandon de la Banque centrale à un aréopage de banquiers centraux, délivrés de toute influence du suffrage universel, comme une météorite de la pesanteur.

Bref, nous sommes cadenassés et verrouillés par un ensemble de règles que des dirigeants inconséquents ont approuvées au fil des décennies sans avoir mesuré les conséquences de ce libre-échangisme dogmatique. Celui-ci s'est mis en place à l'insu des peuples. Dans la zone euro, l'économie stagne. L'industrie régresse. La part de l'Europe dans les échanges internationaux ne cesse de reculer. Et il faudrait pérenniser ces règles nocives dans un texte insusceptible d'être révisé ! Étrange legs pour les générations futures : elles hériteraient à la fois de la crise de nos sociétés et de notre incapacité structurelle à la résoudre !

## UN NAUFRAGE SOCIAL PROGRAMMÉ

Dans le système de la globalisation libérale, la « Constitution européenne » fige un rapport de forces complètement déséquilibré entre le travail et le capital. C'est se moquer du monde que de prétendre que ces orientations constitutionnalisées permettront encore de faire une « politique de gauche ». Il faut l'hypocrisie abyssale de certains dirigeants socialistes – pas tous, heureusement – pour oser soutenir effrontément que les politiques européennes n'empêchent pas une politique de progrès en France. Comme si, selon l'heureuse expression de Bernard Cassen, « les politiques libérales s'arrêtaient aux frontières de la France comme jadis le nuage de Tchernobyl » ! Qui ne voit que les normes juridiques et les « contraintes européennes » obligent à durcir toutes les « réformes » entreprises en France, comme en Allemagne ou en Italie d'ailleurs (déremboursement de l'assurance maladie, plafonnement de l'indemnisation du chômage, austérité budgétaire, remise en cause des services publics et du droit du travail) ? Toutes ces soi-disant « réformes », y compris celles menées par des gouvernements sociaux-démocrates, visent à accroître la « flexibilité » du travail et à réduire coûts de production et prélèvements obligatoires. Elles sont vouées à l'échec dans un contexte de récession. Seule, en effet, la croissance favoriserait les adaptations. Aussi bien est-il vain de penser que les économies européennes pourront abaisser leurs coûts de production au niveau de ceux des pays à bas salaires ou dépourvus de protection sociale. C'est dans cette logique pourtant que se place la « Constitution européenne ». Les orientations qu'on nous propose de « constitutionnaliser » sont celles-là mêmes en vertu desquelles s'opèrent restructurations encadrées, comme celle d'Alstom, privatisations, comme celles d'Air France ou de la Snecma, ou encore, sous prétexte de libéralisation du marché de l'énergie, mises en bourse de groupes publics qui, dans l'intérêt du pays, devraient le rester (EDF, Gaz de France, Areva, etc.).

La logique de la « Constitution » ne peut conduire qu'à une subordination généralisée de la vie économique aux marchés financiers. Dans le contexte de la globalisation libérale, la stagnation économique, la fuite de l'épargne à l'extérieur, la désindustrialisation et l'accroissement des inégalités sociales ne peuvent que s'accentuer : espèces sonnantes et trébuchantes pour les rentiers de la finance, mots creux pour le monde du travail – ainsi la fameuse « clause sociale transversale » qui définit des objectifs généraux et apparemment généreux (plein emploi, etc.) sans en préciser le moins du monde les moyens.

C'est, à travers un corps de règles très précises, le triomphe de l'uniformatisation marchande et de la logique financière. Tout ce qui pourrait y faire obstacle – nation, tradition, syndicat, culture – ne constitue qu'aspérité dommageable dans l'univers de la concurrence parfaite. Un libre-échangisme constitutionnalisé pousserait les salaires vers le bas et les dividendes vers le haut par le seul jeu de la concurrence, avec les pays à bas salaires pour les premiers, et avec la rémunération des capitaux sur les marchés financiers et internationaux pour les seconds. L'idée de faire de l'Europe une zone de croissance forte apparaît comme « décalée ». L'avenir ouvert à l'Europe est un mélange de maison de retraite et de parcours muséographique. Aides à domicile et guides touristiques, voilà les « jobs » offerts à notre jeunesse ! Adieu l'industrie, adieu la technologie ! Et vivent les « petits boulots » !

Pour les relations sociales, c'est le « grand bond en arrière », justement évoqué par Serge Halimi, qui est programmé. Les tenants du « oui » se veulent « modernes » et, vieille rengaine, taxent leurs adversaires d'« archaïsme », mais ce qu'ils nous proposent, c'est le retour à l'avant-1914 : la dictature des actionnaires, l'enrichissement des intermédiaires au détriment des producteurs sont au menu, comme de nouvelles vagues de chômage et de précarité, avec le cortège de maux qui les accompagnent – désespérance, violences, perte du sens de l'avenir, abandon de la jeunesse, abaissement intellectuel et moral. Et tout cela aux cris indéfiniment répétés d'« Europe sociale » !

Quelle dérision ! Ou plutôt : quelle tragédie ! Quel naufrage !


## POURRAIT-ON QUAND MÊME REDRESSER LE NAVIRE SI LA « CONSTITUTION EUROPÉENNE » ÉTAIT ADOPTÉE ?

C'est ce que prétendent les partisans du « oui » au sein du Parti socialiste, bien conscients d'avaliser une « Constitution libérale ». Mais certains tenants du « non », qui bornent leur critique aux effets pervers de cette « Constitution libérale » méconnaissent, eux aussi, le lien direct entre la dérive libérale et l'abandon du principe de la souveraineté populaire. D'immenses pouvoirs, en effet, ont été dévolus à des « expertocraties libérales » non élues. Ces « experts » savent très bien que leur carrière ne dépend plus du suffrage universel et qu'ils n'ont plus de comptes à rendre aux citoyens. Ils savent en revanche que leur avenir dépend de leur capacité à épouser l'idéologie et les intérêts dominants : l'évangile du libre marché recoupe trop étroitement les intérêts des classes privilégiées et ceux de leur propre carrière pour ne pas leur servir de bréviaire. Pour eux, la concurrence, c'est le Bien, et les politiques publiques, le Mal.

Des démocrates sincères ont cru transférer les pouvoirs de la République à la Communauté ou à l'Union européenne, à Bruxelles. Ils les ont surtout abandonnés à une « gouvernance libérale », c'est-à-dire au marché, et d'abord aux marchés financiers.

La « Constitution européenne » permettrait-elle d'insuffler de la démocratie dans le système ? Y aurait-il dans le « contenant » un moyen de modifier le « contenu » ? Bref, la première partie de la « Constitution » relative aux institutions fournirait-elle un levier pour réviser les politiques libérales que la troisième codifie ? Ou faut-il, comme dans *l'Enfer* de Dante, « abandonner toute espérance » (sauf, bien sûr, à voter « non ») ?

Essayons d'y voir clair en poursuivant notre lecture du « traité constitutionnel ».

# Chapitre II
## *La démocratie anesthésiée*

## LE MONDE À L'ENVERS OU LA LÉGITIMITÉ INTROUVABLE

L'article I-1 affirme d'emblée que « la présente Constitution établit l'Union européenne », comme si celle-ci pouvait procéder d'un texte ! On s'attendait à ce que ce soient les peuples, comme dans toute Constitution, qui établissent l'Union. Ainsi de la Constitution des États-Unis (17 septembre 1787) : « Nous, le peuple des États-Unis… établissons la présente Constitution. » Ainsi de la Constitution française du 3 septembre 1791 : « L'Assemblée nationale… voulant établir la Constitution française. » Même la Charte des Nations-Unies de 1945 commence par « Nous peuples des Nations-Unies… établissons les principes d'une organisation internationale. Là, c'est l'inverse ! De même, ce devrait être normalement les États membres qui coor-

donnent leurs politiques. Point du tout : l'article
I-1 énonce que « l'Union coordonne la politique
des États membres » : tout vient d'en haut. Rien
d'en bas. Un texte (la « Constitution ») parachute
l'Union qui « coordonne la politique des États »…
et « exerce sur le mode communautaire les
compétences qu'ils lui attribuent » (toujours
l'article 1). Qu'est-ce que le « mode communautaire » ? Nul n'en saura rien, même en lisant attentivement les 448 articles de la « Constitution ». Le
mot n'est pas défini ! Certes, le Président Giscard
d'Estaing nous a révélé dans l'introduction qu'il
écrivit au projet de Traité que le « mode communautaire » n'était rien d'autre, à ses yeux, que le
« mode fédéral », expression guère plus claire,
mais que les Anglais récusèrent. Ainsi une simple
lecture de l'article I-1, celui qui ouvre la « Constitution », laisse voir, à travers la prose de ses rédacteurs, à quel point l'Union européenne s'est
éloignée du modèle original de la Communauté
européenne qui, elle, restait contrôlée par les
États membres. Désormais, c'est l'Union qui en
plus de ses compétences (*cf.* infra) dispose du
pouvoir supérieur, directif, de coordonner la politique des États.

*

Il est vrai que la « Constitution européenne »
n'a pas été élaborée par une Assemblée constituante. Elle procède d'un aréopage coopté,
baptisé « Convention », qui est censé avoir agi

« au nom des citoyens et des États » (préambule de la « Constitution européenne »). Je ne sache pas que les parlements nationaux aient jamais eu à délibérer de la prose issue de la Convention présidée par M. Giscard d'Estaing.

Certains, après Jürgen Habermas, évoquent un « patriotisme constitutionnel » européen à créer. D'emblée, l'affaire se présente mal avec la « Constitution européenne » et ses 448 articles, si on se souvient que la Constitution américaine de 1787 en comporte moins de vingt, tandis que la Déclaration des droits de l'homme et du citoyen n'en compte que dix-sept ! La « Constitution européenne », quant à elle, évoquerait plutôt le Code général des collectivités territoriales ou le Code fiscal.

*

Avant tout autre développement, un rappel historique s'impose : la République ne va pas sans la souveraineté du peuple et sans le citoyen, qui est une parcelle du souverain. Depuis que la Révolution française a fondé l'organisation sociale non plus sur le droit divin, mais sur la philosophie de Descartes (*Cogito ergo sum*), c'est la capacité du citoyen à penser par lui-même qui, en dernier ressort, fonde la République. D'où le rôle de l'École, conçue par Condorcet, Jules Ferry et ses successeurs, comme l'instance formatrice du citoyen, parcelle du peuple. D'où l'importance aussi de la laïcité, acte de confiance en la Raison humaine, qui fonde l'espace commun de débat, hors des dogmes antagonistes. Ainsi la démocratie ne se résume pas au rituel de l'élection. Elle implique au préalable le débat argumenté, même passionné, entre citoyens éclairés. Ensuite, le suffrage universel tranche.

La « Constitution européenne » autorise-t-elle ce « débat républicain » ? Permet-elle aux peuples de peser sur leur destin, au besoin en renvoyant leurs dirigeants ?

À la lire, les institutions procéderaient d'une « double légitimité » : il y aurait d'un côté « les citoyens », de l'autre « les États ».

Force est de constater que la citoyenneté de l'Union européenne (article I-10) ne définit que des droits limités : liberté de circulation et de séjour, droit de vote et d'éligibilité au Parlement européen et aux élections municipales, protection analogue dans les pays tiers, droit de pétition, droit de recourir à un médiateur européen. Elle ne définit pas de devoirs. Ce déséquilibre flagrant est la négation même de ce qu'est la citoyenneté (ensemble indissociable de droits et de devoirs). Comme l'écrit René Andrau : « Le citoyen [européen] est un électeur, un justiciable, une victime, un protestataire suppliant, un voyageur. Si l'on excepte le droit de vote [d'ailleurs limité], le civisme consiste à rester tranquille dans son coin, muni d'un parapluie pour se protéger des abus de l'État… Cette citoyenneté ne s'inscrit pas dans la vision d'un avenir commun de progrès, n'envisage pas l'homme comme être social ou politique. Les droits ainsi définis ne sont pas les Droits de l'homme et du citoyen mais ceux de l'individu. » En principe, les citoyens le sont d'une nation. Je m'épuise, depuis des années, à citer Pierre-André Taguieff : « Les hommes se définissent politiquement par leur appartenance nationale… » Mais ce n'est pas de cela qu'il s'agit. La « Constitution » se réfère à une « citoyenneté européenne » au mieux embryonnaire, et sans doute imaginaire. Comment, en effet, peut-on être citoyen d'un « peuple » qui n'existe pas ?

La « Constitution » évoque par ailleurs les « États » comme si leur légitimité tombait du ciel et ne s'enracinait pas dans les volontés nationales et les souverainetés populaires. Le mot « souveraineté » ne figure pas dans la « Constitution ». Celle-ci tourne le dos à deux siècles de conquêtes démocratiques, de la Constitution de 1791 à celle de 1958, en rompant le lien entre démocratie et souveraineté populaire. L'ambiguïté imprègne cette « Constitution » dont on peut penser qu'elle vise à créer un « Super-État » européen, mais qui n'en souffle mot. Aussi bien ne définit-elle entre les États et l'Union que des règles d'attribution extraordinairement floues. De l'ambiguïté théorique fondatrice résulte l'incohérence pratique.

*

La vie démocratique de l'Union est théoriquement fondée sur le principe de la « démocratie représentative » (article I-46) à travers le Parlement européen, émanation des « citoyens », et le Conseil européen, émanation des États. Cette « démocratie représentative », au regard du principe d'égalité, souffre de vices potentiellement rédhibitoires : au Parlement européen, un député allemand ou français représente près de 800 000 habitants, tandis qu'un député maltais ou luxembourgeois en représente moins de 100 000.

Quant au Conseil, il réunit des États – égaux en droit – dont la population varie dans un rapport de 1 à 250. Certes, les règles de vote à la majorité qualifiée (article I-25) impliquent, pour l'adoption d'une décision, 55 % des États (soit quinze sur vingt-cinq) représentant au moins 65 % de la population, soit 293 millions d'habitants. Le seul énoncé de cette règle permet de mesurer le poids des petits États : quatorze d'entre eux n'ont pas dix millions d'habitants[1]. Ajoutons à ces quatorze pays, dont la population totale est inférieure à 50 millions d'habitants, cinq dont la population dépasse de peu 10 millions d'habitants : Hongrie : 10,1, République tchèque : 10,2, Portugal : 10,4, Belgique : 10,4, Grèce : 11. Or, il suffit de quatorze États pour bloquer le processus de décision. On voit la disproportion qui résulte du principe de l'égalité des États. Les

---

1. Malte : 0,4 million, Luxembourg : 0,5, Chypre : 0,9, Estonie : 1,4, Slovénie : 2, Lettonie : 2,3, Lituanie : 3,5, Irlande : 4, Finlande : 5,2, Danemark : 5,4, Slovaquie : 5,4, Autriche : 8,2, Suède : 9.

quatre pays les plus peuplés (Allemagne, France, Grande-Bretagne, Italie) qui, ensemble, comptent 279 millions d'habitants, ne peuvent réunir à eux seuls une majorité qualifiée (65 % de la population). Pour emporter la décision, il leur faut l'appoint de pas moins de onze autres États représentant au minimum cinquante millions d'habitants. Au poids disproportionné des petits États, il faut ajouter la facilité avec laquelle l'Allemagne peut constituer une minorité de blocage : il lui suffit d'ajouter à son propre poids (82 millions d'habitants) trois autres pays (il en faut quatre) pesant 76 millions d'habitants pour atteindre le seuil fatidique des 35 %.

On peut déjà douter que des règles aussi inégalitaires – et passablement arbitraires – puissent être acceptées facilement par des peuples qui, sur des sujets essentiels à leurs yeux, auraient été « mis en minorité ».

## Un Parlement alibi
## d'une démocratie virtuelle

Ce n'est pas seulement la représentativité du Parlement européen qui fait problème. C'est sa légitimité.

Le traité de Rome avait prévu une Assemblée européenne représentant les parlements nationaux. Son rôle était purement consultatif. Valéry Giscard d'Estaing et Helmut Kohl la firent élire

au suffrage universel. Elle se para du nom de
« Parlement », au nom de quoi des pouvoirs sans
cesse croissants lui furent octroyés par les traités
européens successifs. Il ne suffit cependant pas
de faire élire une assemblée au suffrage universel
pour faire surgir une démocratie. Les députés
européens sont élus, dans leurs nations respectives, en fonction de règles de considérations et
de programmes particuliers. C'est que l'Europe
est une communauté de civilisation, mais n'est
pas une nation. Il n'y a pas, dans la durée,
d'« espace européen de débat » digne de se nom.
L'Europe juxtapose, pour le moins, une trentaine de peuples. Ceux qui se déclarent « fédéralistes » le savent bien. C'est ainsi que
Dominique Strauss-Kahn écrit : « Nous avons
fait l'Europe, il faut maintenant faire des
Européens[1]. » On ne peut avouer plus ingénu-
ment que la « démocratie européenne » n'est,
dans l'hypothèse la plus optimiste, qu'une
démocratie virtuelle. Ceux qui se déclarent
« fédéralistes » ne s'interrogent pas sur le fait de
savoir si on peut faire disparaître en quelques
années ce que les siècles ont créé, et si on peut, à
l'inverse, faire surgir une « nation européenne »
en faisant table rase de l'Histoire. Claude Nicolet
a montré que l'« ethnogenèse », ce qu'il appelle la
« fabrique d'une nation » ne peut s'opérer que
dans la très longue durée. Comme le gouvernement qui n'est pas content de son peuple, selon

______________

1. Dominique Strauss-Kahn, *op. cit.*, p. 35.

Brecht, nos « fédéralistes » veulent dissoudre les peuples réels pour en inventer un autre qui n'existe pas : le « peuple européen ». Et nous, où sommes-nous ? Que devient le « peuple français » ?

Le Parlement européen, élu aujourd'hui par vingt-cinq peuples, ne peut exprimer aucune volonté générale cohérente. Censé représenter « les citoyens », le Parlement européen n'est en réalité que la juxtaposition de groupes de députés élus selon vingt-cinq règles différentes. En France même, les circonscriptions électorales définies par la loi n'ont aucune espèce de réalité ni de légitimité. Si on veut vraiment leur trouver des antécédents historiques, il faut remonter aux temps mérovingiens, ceux d'une France écartelée entre l'Austrasie, la Neustrie, l'Aquitaine et le royaume des Burgondes. Pour nos peuples sans mémoire, ces circonscriptions évoquent plutôt des numéros d'appel téléphonique ! Le scrutin de liste, enfin, consacre la primauté des apparatchiks partisans. Autant dire que la représentativité du Parlement européen est faible, sinon nulle. Les électeurs sont de plus en plus nombreux à en juger ainsi, si on observe le nombre croissant des abstentions (34 % en 1979, 57 % en 2004, soit vingt-trois points de plus).

Dans cette assemblée qui évoque la Tour de Babel, il manque aux 736 « parlementaires » qui y siégeront, selon le nombre fixé par la « Constitution », des références historiques, culturelles, linguistiques et politiques partagées.

Ces références n'existent pas, ou en tout cas pas suffisamment pour fonder une démocratie, c'est-à-dire une collectivité historique assez forte pour que la minorité y accepte la loi de la majorité. Le Parlement européen est l'alibi d'une démocratie virtuelle qui permet d'étouffer la démocratie réelle : celle qui fonctionne dans chaque nation, ou plutôt n'y fonctionne plus.


## SUPÉRIORITÉ ABSOLUE DU DROIT EUROPÉEN ET FIN DE LA CONSTITUTION FRANÇAISE

D'emblée, à la lecture de la « Constitution », un point en effet tire l'œil : c'est l'affirmation de la supériorité du droit européen sur le droit national, y compris la loi votée par le Parlement. L'article I-6 est formel : « La Constitution et le droit adoptés par les institutions de l'Union... priment le droit des États membres. »

Certes, le Conseil constitutionnel français livre un méritoire combat de retardement pour sauver la Constitution française de ce naufrage en rappelant que le « traité établissant une Constitution pour l'Europe... conserve le caractère d'un traité... et que sa dénomination est sans incidence sur l'existence de la Constitution française et sa place au sommet de l'ordre juridique interne..., cet article [ne conférant pas] au principe de primauté (du droit communautaire) une portée autre que celle qui était antérieurement la sienne[1] ». On peut craindre que cette interprétation ne soit qu'une digue de papier face à une décision de la Cour de Justice de l'Union européenne, si elle est appuyée par une forte majorité d'États et par l'opinion commune, qui ne verra pas malice à ce que la « Constitution européenne » prime les constitutions nationales. Le Conseil constitutionnel devrait savoir qu'il n'y a pas d'interprétation unilatérale d'un traité. Olivier Duhamel ne le cache pas : « Il s'agit d'une Constitution… au sens matériel… au sens formel… au sens substantiel. La "Constitution européenne" peut donc être qualifiée telle, du point de vue du droit – sauf à rester dans l'étaticocentrisme. Elle doit l'être du point de vue politique. Depuis plus de vingt ans, les fédéralistes européens se battent pour l'adoption d'une Constitution. Si, après avoir surmonté toutes les résistances des gouvernements, le texte franchissait le très haut obstacle de la ratification dans vingt-cinq pays, souvent par référendum, il serait aberrant de ranger ce drapeau au moment même où il serait enfin accepté[2]. » Ainsi les « fédéralistes » éventent-ils eux-mêmes la supercherie de ceux qui veulent faire passer la « Constitution » pour un simple traité.

---

1. Décision du Conseil constitutionnel du 19 novembre 2004.

2. Lettre de *Confrontations Europe*, janvier-mars 2005, « Trois fois oui », par Olivier Duhamel, p. 17.

L'article I-6 de la Constitution peut bien préciser que « la primauté du droit [européen] n'existe que dans les domaines de compétences exercées par l'Union ». Mais quand on lit attentivement la liste des compétences octroyées à l'Union par la Constitution, on ne peut qu'être frappé par leur caractère indéfiniment extensible. Sans doute l'article I-11 définit un « principe d'attribution » : « l'Union agit dans les limites des compétences que les États membres lui ont attribuées dans la Constitution... Toute compétence non attribuée à l'Union... appartient aux États membres. » Mais, dans la réalité, la Constitution ajoute aux « compétences exclusives » de l'Union (article I-13)[1], des « compétences partagées » très largement définies (article I-14)[2], un rôle de coordination des politiques économiques et de l'emploi (article I-15), une compétence en matière de politique étrangère et de sécurité commune (article I-16), et, enfin, une compétence qui n'a pas de dénomination précise (article I-17) « pour mener des actions d'appui, de coordination ou de complément »

______________

1. Union douanière, règles de concurrence, politique de l'euro, politique commerciale commune, conservation des ressources biologiques de la mer.

2. Marché intérieur, politique sociale (pour partie), cohésion économique, sociale et territoriale, agriculture et pêche, environnement, protection des consommateurs, transports, réseaux transeuropéens, énergie, espace de liberté, de sécurité et de justice, sécurité en matière de santé publique.

dans tous les domaines non couverts par les dispositions précédentes[1]. Après cette énumération (compétences exclusives, partagées et innommées), on peut se demander dans quel domaine l'Union n'est pas fondée à intervenir ! Pour parer tout oubli, la Constitution prévoit une « clause de flexibilité » qui permet au Conseil d'étendre les pouvoirs de l'Union « si une action [de sa part] paraît nécessaire » (article I-18). La porte est ainsi ouverte à un interventionnisme généralisé des instances communautaires à tous les domaines de la législation. La règle initiale n'a été posée (« Toute compétence non attribuée à l'Union dans la Constitution appartient aux États membres ») que pour être aussitôt vidée de sa substance, puisque aucune limite n'est fixée au champ d'intervention de l'Union !

### Le mystère de la subsidiarité

Un jour de mai 2000, le Président Chirac s'en est allé proposer au Bundestag, réuni à Berlin dans l'ancien « Reichstag », une Constitution pour l'Europe. Comme je lui faisais remarquer à son retour, lors d'un Conseil des ministres, qu'un peuple seul peut se donner une Constitution, mais que vingt-cinq peuples, entre eux, passent un traité, le Président de la République me rétorqua : « Il s'agit simplement de répondre

---

1. Industrie, culture, éducation, jeunesse, sport, formation professionnelle, etc.

à la question : qui fait quoi en Europe ? » Tel est visiblement le fond de sa pensée, qu'il a répétée à Barcelone le 11 février 2005 : « Qui fait quoi ? »

Ainsi, la « Constitution européenne » serait-elle une sorte de « règlement intérieur » précisant les compétences de l'Union et celles des États. Si ce point était effectivement éclairci, je n'hésiterais pas à saluer ce progrès.

Le Président Chirac et les tenants du « oui » nous présentent les principes de « subsidiarité », terme emprunté à la théologie catholique, et de « proportionnalité », comme s'ils avaient découvert la pierre philosophale et enfin clairement répondu à l'énigme de savoir « Qui fait quoi ».

En fait, ces deux principes de subsidiarité et de proportionnalité, qui ne jouent d'ailleurs pas pour les « compétences exclusives », ne sont que de fausses fenêtres, comme le manifeste leur formulation excessivement générale. Ainsi du principe de « subsidiarité » : « l'Union intervient seulement si les objectifs de l'action envisagée ne peuvent pas être atteints de manière suffisante par les États membres... mais peuvent l'être mieux au niveau de l'Union » (article I-11, alinéa 3). De même, en vertu du principe de « proportionnalité », « le contenu et la forme de l'action de l'Union n'excèdent pas ce qui est nécessaire pour atteindre les objectifs de la Constitution » (article I-11, alinéa 4).

En vertu du protocole sur l'application de ces principes de subsidiarité et de proportionnalité, le tiers des parlements nationaux peut bien

demander le réexamen d'un projet de loi européen par l'autorité dont il émane pour ne faire
que ce qui est « nécessaire » ou « suffisant ». En
réponse, la Commission (ou le Conseil, ou toute
autre autorité à l'origine du projet) peut « maintenir, modifier ou retirer » le projet. Il lui suffit de
« motiver » sa décision » (article 7 du protocole
n° 2 sur l'application des principes de subsidiarité et de proportionnalité).

Dès lors que la Commission ou le Conseil
écarterait la demande des parlements nationaux
contestant l'application du principe de subsidiarité, ne resterait plus alors ouverte que la voie du
recours devant la Cour de justice de l'Union
(article 8 du protocole n° 2). Le serpent se mord
la queue : l'extension du droit communautaire
est laissée à la guise de la Cour de justice dont le
penchant supranationaliste n'a cessé de s'affirmer depuis les origines.

Ainsi la réponse à la question du Président
Chirac : « Qui fait quoi ? » est abandonnée au
juge européen. Le renforcement du rôle des
parlements nationaux est une plaisanterie : ceux-
ci se voient bien adresser les projets d'actes
législatifs européens transmis au parlement européen et au Conseil (article 1 du protocole n° 1
relatif au rôle des Parlements nationaux dans
l'Union européenne) ; ils peuvent adresser des
avis motivés concernant la conformité de ces
projets avec les principes de subsidiarité et de
proportionnalité (article 3 du même protocole) à
la Commission, au Conseil ou au Parlement

européen ; mais ceux-ci, en dernier ressort, restent maîtres de leur décision. Bref, cette demande plaintive des parlements nationaux n'a aucune force contraignante. La suite dépendra de la jurisprudence du juge européen.

On mesure, à l'insigne faiblesse de ce dispositif, l'hypocrisie de l'amendement déposé de concert par l'UMP et le PS à l'Assemblée nationale le 27 janvier 2005 pour faire en sorte que le Parlement français soit obligatoirement saisi de tout projet de texte européen intervenant ou non dans le domaine de la loi. Cet amendement matamoresque, voté par un Parlement dépouillé de ses attributions, est aussi impressionnant qu'un exercice de body-building pour un agonisant !

Au terme de la démonstration que je viens d'opérer, il ne reste rien des principes de subsidiarité et de proportionnalité, sinon un bavardage qui ne saurait enrayer ce que le Chancelier Kohl appelait déjà, au lendemain du référendum sur le traité de Maastricht, « la furie réglementaire de la Commission ». On admirera, par comparaison, la clarté des dispositions de la Constitution française de 1958 répartissant les compétences entre le domaine de la loi (article 34) et le domaine réglementaire (article 37). Ainsi le droit communautaire procédant de règles opaques s'imposera sans entrave aux droits nationaux. Le peuple français pourra bien invoquer les principes de sa Constitution : nous serons nus comme vers. Le suffrage universel, frappé d'incapacité structurelle au sein du Parlement européen et convenablement châtré au niveau national, n'aura plus aucun moyen de se faire entendre d'instances communautaires en fait inamovibles. Nous aurons ainsi troqué la démocratie républicaine pour ce qu'on appelle aujourd'hui la « gouvernance ».

Comme l'a fort bien résumé l'historien américain John Fonte, « le choix est entre la "gouvernance globale" et la souveraineté démocratique. La "gouvernance globale" donne le pouvoir aux tribunaux et aux instances transnationales non élues mais ne met à la disposition des gouvernés aucun moyen démocratique sérieux de rejeter les décisions auxquelles ils s'opposent… Comment ces dirigeants peuvent-ils être remplacés ? À cette question, la "gouvernance globale" ne fournit aucune réponse démocratique[1]. » La gouvernance européenne nous fait entrer de plain-pied dans la « post-démocratie ».

Comment a-t-on pu en arriver là ?


UNE USINE À GAZ

Les institutions européennes fonctionnent déjà comme une usine à gaz. J'ai connu, dans l'Europe à quinze, les Conseils JAI (Justice et Affaires intérieures), trente ministres (ceux de la

_______________

1. John Fonte, « Souveraineté démocratique ou gouvernance globale ? », *Le Figaro*, 9 août 2004.

Justice et ceux de l'Intérieur) s'exprimant à tour de rôle sur les sujets inscrits à l'ordre du jour, laissant au commissaire Vitorino le soin d'introduire et de conclure. Pas un ministre, vu le taux de rotation des gouvernements et la lenteur des procédures européennes (encore accrue par le processus de « codécision » entre le Conseil et le Parlement), ne voit aboutir un texte qu'il a mis ou vu mettre en circulation. Les choses risquent de ne pas s'arranger dans l'Europe à vingt-cinq, et plus encore à trente-trois. La traduction simultanée entre les locuteurs des dix-neuf langues officielles de l'Union, chacun tenant souvent et légitimement à s'exprimer dans sa langue nationale, contribue à l'opacité des débats.

Avec l'utilisation des « langues relais » entre, par exemple, le hongrois et le grec, pour ne pas parler de l'estonien ou du maltais, le retard à l'allumage est garanti : le ministre ou le député a depuis longtemps fermé sa bouche quand le traducteur final n'a pas encore ouvert la sienne. J'ose à peine imaginer le fonctionnement du Parlement de Strasbourg où chaque député, vu le nombre des parlementaires (736), ne dispose que de quelques minutes pour s'exprimer : la Tour de Babel n'était, en fait, qu'une sympathique anticipation !

En réalité, derrière les commissaires, il y a l'administration : les directions générales, les hauts fonctionnaires européens et l'armée des bureaucrates. C'est là que s'exercent les stratégies d'influence, les Britanniques faisant merveille avec l'atout de leur langue et l'habileté du Civil Service, tandis que recule continûment le nombre de Français exerçant des fonctions de responsabilité. La description ne serait pas complète si elle omettait la présence, à Bruxelles, d'innombrables lobbies industriels, agricoles, professionnels, régionaux, locaux, et bien sûr étrangers. Bruxelles est le seul endroit en Europe où ces lobbies, empruntés aux États-Unis, exercent librement leurs pressions.

Un intérêt général européen ne peut évidemment pas émerger d'un processus de décision aussi complexe et opaque que celui qui régit les institutions communautaires : Conseil européen, Conseil des ministres en formations variables, Commission européenne dont les commissaires sont maintenant aussi nombreux que les pays membres, Parlement européen, Cour de justice de l'Union européenne, Banque centrale indépendante, etc. Chaque représentation permanente des différents pays membres passe le plus clair de son temps à défendre les intérêts nationaux dont elle a la charge. Signes de piste : chacun s'essouffle à suivre le circuit des textes et des décisions dans le labyrinthe des instances et des procédures. Ajoutons, pour faire bonne mesure, la rivalité à venir, inévitable, entre le Président de l'Union, nouvellement créé, le Président de la Commission, le Président du Conseil des Affaires générales en exercice et le ministre des Affaires étrangères de l'Union, par ailleurs vice-président de la Commission. Quant au Président de l'« Eurogroupe », il pourra s'en prendre aux précédents mais devra se réfugier dans le mutisme pour ne pas manquer à la règle imbécile qui interdit à toute autorité communautaire ou gouvernementale d'« influencer » la Banque. (Article 7 du protocole fixant le statut de la BCE.)

La Constitution était censée rapprocher les institutions européennes du citoyen : bonjour la proximité ! Quelle vie démocratique peut s'épanouir dans cette caricature de « démocratie représentative » ?

Bien que le « peuple européen » ne soit pas au rendez-vous de la légitimité démocratique, la Constitution prévoit d'étendre le champ d'application de la procédure de « codécision » entre le Parlement et le Conseil, désormais nommée « procédure législative ordinaire », à vingt-sept nouveaux domaines. Cette procédure couvrirait ainsi 95 % du champ des compétences de l'Union.

Le champ de la majorité qualifiée s'est ainsi considérablement élargi, même si la Conférence intergouvernementale a maintenu la règle de l'unanimité en matière fiscale et sociale, ou pour la coopération judiciaire pénale ou l'adoption du cadre financier pluriannuel, et naturellement pour la politique étrangère. La « procédure législative ordinaire », qui place sur un pied d'égalité le Conseil, qui vote à la majorité qualifiée et le Parlement européen, devient la règle. C'est dire que dans de vastes domaines qui souvent touchent à l'essentiel, notre pays peut désormais être mis en minorité : marché intérieur, budget européen, accords commerciaux, agriculture, justice et affaires intérieures, immigration et visas. Ce qui est vrai pour la France l'est évidemment pour les autres pays. La loi de la majorité peut-elle cependant s'appliquer à des nations récalcitrantes dans une Europe à vingt-cinq et demain à trente ? Cette Europe-là ne va-t-elle pas créer des tensions insupportables, alors qu'elle était en principe faite pour les surmonter ?

## LA CONSTITUTION EUROPÉENNE : UN MONSTRE JURIDIQUE

J'hésite à l'écrire, car on tremble toujours à briser un tabou : cette Constitution, en dernier ressort, est juridiquement un « monstre ». On peut l'entendre à tous les sens que le dictionnaire donne à ce terme : « être effrayant », « ensemble incohérent », et, peut-être même un jour prochain, « objet encombrant » dont il faudra se débarrasser : une déchetterie serait un endroit tout indiqué pour cela. Je parle en expert : comme président de la Communauté de l'agglomération belfortaine, je collecte les « monstres »…

Un jour de 1984, alors que j'interrogeais Alain Savary sur le sens de certaines dispositions contenues dans le projet de loi scolaire que le Président de la République venait de retirer, il me répondit : « Cela ne peut plus se comprendre qu'historiquement. » Ainsi en va-t-il des textes européens aujourd'hui. M. Lamassoure lui-même reconnaît que la lecture de l'article I-26, relatif à la composition de la Commission et à la « rotation égalitaire » des commissaires « provoque un assombrissement immédiat de l'humeur, voire une violente éruption cutanée[1] ».

## Le vice initial

Pour bien mesurer cette « monstruosité » de la « Constitution européenne », il faut remonter aux origines. Dès le départ, l'entreprise européenne comporte un vice de construction : c'est la méthode Monnet, celle du « détour », du fait accompli devant lequel on place les peuples pour aller toujours plus loin dans le sens secrètement assigné par celui que le général de Gaulle appelait l'« Inspirateur ». Il serait utile de dire que ce qui l'inspirait déjà, c'était l'atlantisme, en d'autres termes la vision d'une Europe dont les États-Unis d'Amérique seraient le véritable fédérateur. Le moyen, plus encore que le but, c'est le fédéralisme européen, impliquant la réduction des nations à un rang subordonné, de « Länder[2] », ou, si l'on préfère, d' « eurorégions ». On fait d'abord le Marché commun du charbon et de l'acier (traité de la CECA, 1950). Après un écart

---

1. Alain Lamassoure, *Histoire secrète de la Convention européenne*, Albin Michel, p. 435.
2. Pluriel du mot allemand *Land*, qui désigne les États fédérés, comme, par exemple, le Bade-Würtemberg.

(l'échec de la CED en 1954), dû à une précipitation de novices, les « pères de l'Europe » remettent l'ouvrage sur le métier : ce sera le traité de Rome (1957) dont on voit bien aujourd'hui qu'il n'était pas un simple traité commercial.

Jean Monnet, dès le départ, a introduit dans le fonctionnement des institutions européennes un subtil mécanisme de marginalisation des nations et des démocraties nationales : la Commission européenne détenant seule le monopole de l'initiative en matière législative et réglementaire, et censée incarner « l'intérêt général européen », la machine administrative bruxelloise n'a cessé de monter en puissance. Certes le vice était contenu au départ par la règle de l'unanimité au Conseil des ministres, règle solennellement réaffirmée en 1965 par le général de Gaulle (crise de la « chaise vide »). Mais la prolifération des règles communautaires a mis peu à peu les nations devant le fait accompli : au nom de la concurrence, la Commission a fait accepter aux États membres un corpus législatif et réglementaire d'inspiration libérale qui représente aujourd'hui plus des deux tiers des normes en vigueur. La boulimie de pouvoir de la Commission n'explique pas tout. Jamais elle ne serait parvenue à ses fins si son action n'avait coïncidé avec ce que Jacques Delors a appelé « les vents dominants » : la libéralisation tous azimuts voulue depuis un bon demi-siècle par les États-Unis. L'Europe telle qu'elle s'est faite a été le cheval de Troie de ce que les Anglo-Saxons appellent aujourd'hui « globalisation ». C'est la fusion d'une sorte de pacifisme européen, rejetant les nations, et d'une libéralisation conçue à l'échelle mondiale, même si elle s'est appliquée d'abord à l'Europe, qui explique la force du « mythe » qui pousse encore l'Europe sur son erre initiale, à la fois supranationaliste et libre-échangiste, comme si le monde n'avait pas radicalement changé depuis les années soixante.

À l'ombre de la tutelle américaine, Jean Monnet a inventé une sorte de despotisme éclairé, à la fois libéral et fédéraliste, incarné par la Commission européenne. La fragile barrière du compromis de Luxembourg (1965) prévoyant explicitement l'existence d'un droit de veto chaque fois qu'un intérêt national vital était en cause n'a pas enrayé et ne pouvait pas enrayer la logique libérale dominante. Ce « compromis » est aujourd'hui oublié. Le texte de la « Constitution européenne » ne le mentionne plus dans toutes les matières où elle a introduit au Conseil le vote à la majorité qualifiée (55 % des États représentant 65 % de la population de l'Union). Seul subsiste un vague compromis dit « de Ioannina », nom d'une ville d'Épire où les chefs d'État et de gouvernement décidèrent, en 1994, pour le cas où ils n'arriveraient pas à se mettre d'accord, de se donner le temps de la réflexion « avant de parvenir à trouver une solution dans un délai raisonnable ». Il suffit pour cela que des États membres représentent les trois quarts de la population ou les trois quarts du nombre d'États nécessaires pour constituer une « minorité de blocage » (soit huit

États). Cette clause dite de Ioannina a été reléguée en annexe au traité (déclaration n° 5 de la Conférence ad article 25). Cette décision – nous dit la Déclaration – restera en vigueur au moins jusqu'en 2014. Le Conseil pourrait adopter ultérieurement une décision européenne l'abrogeant. C'est tout ce qui reste du « compromis de Luxembourg » dans les matières relevant désormais de la majorité qualifiée !

La marginalisation des démocraties nationales par le rôle central accordé à la Commission dans les institutions communautaires a été confirmée par la supériorité progressivement reconnue par les cours suprêmes du droit européen sur le droit national. Enfin, l'élection au suffrage universel d'un « Parlement européen », décidée en 1978 par MM. Valéry Giscard d'Estaing et Helmut Schmidt, est venue, comme on l'a vu, décorer d'un semblant de démocratie un fonctionnement des institutions européennes essentiellement oligarchique.

Il s'est ainsi créé une machine autonome, déconnectée de la volonté populaire, telle qu'elle s'exprime dans chaque nation. Cette machine produit son droit et impose sa jurisprudence. Elle a acquis sa vie propre. Reconnaissons-le, la « méthode Monnet » a permis de mettre les peuples devant une série de « faits accomplis » : après l'union économique, l'union monétaire s'est imposée comme la seconde étape du « Graal européen ». Après l'échec du Plan Werner (1970), le système monétaire européen (1979) va préfigurer la monnaie unique programmée par le traité de Maastricht en 1992 et devenue réalité en 1999-2002.

Avec l'union monétaire, François Mitterrand entendait mettre aussi en route « l'union politique ». Le moins qu'on puisse dire – la guerre d'Irak, en 2003, en fut la démonstration a contrario la plus éclatante –, c'est que la réussite ne fut pas au rendez-vous. Mais ce n'est que partie remise pour les « fédéralistes », tenant d'un « peuple européen » qui reste à créer.

En réalité, la « méthode Monnet » a fait son temps. Le « déficit démocratique » des institutions européennes, pour ne pas dire la crise de la démocratie en Europe, est chose avérée. Même les fédéralistes déclarés en conviennent. Ainsi Dominique Strauss-Kahn, président d'une table ronde intitulée « Un projet pour l'Europe de demain » – table ronde soi-disant pluraliste (Bronislaw Geremek, Nicole Notat, Hans Tietmeyer, Lord Simon, etc.) –, n'hésite pas à écrire dans un rapport remis en mars 2004 à Romano Prodi, président de la Commission européenne : « Aujourd'hui, la "méthode Monnet" est arrivée à épuisement. Le déséquilibre qu'elle a généré – des compétences politiques de plus en plus importantes confiées à une institution de nature technique – provoque une crise institutionnelle profonde : l'Union européenne est malade de son déficit démocratique… La crise institutionnelle pose la question de la finalité de la "Constitution européenne" : basculer dans une Union de type fédératif ou bien conserver une Union comme espace de droit où se gèrent les intérêts de nations largement indépendantes ? » Bien évidemment, l'échec de la « méthode Monnet » aurait dû conduire à revenir aux réalités nationales et à construire l'Europe dans le prolongement des nations. La Convention européenne n'a pas eu cette sagesse. Elle a poursuivi, sans l'avouer franchement, la chimère d'une Union fédérale en réalité coupée des peuples.

*Le mythe d'un peuple européen*

Je reconnais à Dominique Strauss-Kahn et à sa « table ronde » le mérite d'une certaine cohérence intellectuelle. Mais leur logique fédéraliste est devenue folle : elle fait comme si un « peuple européen » pouvait un jour exister sur un continent qui rassemble une bonne trentaine de peuples. Elle prétend renoncer à la méthode hypocrite et surtout antidémocratique du « détour », vouloir désormais jouer cartes sur table : au lieu de chercher à solidariser les nations, elle se donne comme objectif de les remplacer. Elle propose de faire du Parlement européen la source essentielle de la légitimité démocratique dans les institutions européennes. Cette ambition tend à faire de la Commission le « gouvernement de l'Union », responsable devant le Parlement censé représenter un « peuple européen », tandis que le Conseil se verrait ramené au rôle d'une seconde Chambre. La « Constitution européenne » porte l'empreinte de cette idéologie fédéraliste, même si elle n'ose pas avouer l'ambition de créer un « Super-État ». Ainsi la méthode hypocrite du « détour » reste-t-elle d'actualité, pour ce qui est du texte de la « Constitution ».

Tel n'est pas le cas du rapport remis par Dominique Strauss-Kahn à Romano Prodi. Texte à vrai dire hallucinant : il ne se borne pas à saluer le projet de « Constitution » issu des travaux de la Convention présidée par M. Giscard d'Estaing comme l'annonce de la parousie[1] : « Avec le traité constitutionnel, après cinquante ans de détour, l'objectif des "pères fondateurs" est en passe de se réaliser, et l'objection initiale de Pierre Mendès France[2] est levée : la Commission va devenir le gouvernement démocratique de l'Union[3]. » « Pour la première fois, le vote à la majorité [du Conseil] devient la règle, et l'unanimité l'exception[4]. » « Pour la première fois les modalités de vote prennent en compte non seulement la majorité des États (55 %), mais surtout la majorité de la population (65 %). »

---

1. Parousie : second avènement du Christ glorieux.

2. Pierre Mendès France avait refusé de voter le traité de Rome en déclarant : « L'abdication d'une démocratie peut prendre deux formes : soit le recours à une dictature interne par la remise de tous les pouvoirs à un seul homme, soit la délégation de ces pouvoirs à une autorité extérieure, laquelle, au nom de la technique, exercera en réalité la puissance politique » (18 janvier 1957). Nous y sommes.

3. Dominique Strauss-Kahn, *op. cit.*, p. 46.

4. *Ibid.*

Mais ce ne sont là, pour les auteurs du rapport, que broutilles sur la voie qui doit les conduire à fonder une « nation européenne ». Ce rapport mérite qu'on s'y attarde quelque peu, car il dit la vérité de l'idéologie fédéraliste qui sous-tend la Constitution. Sans doute conscients du peu de réalisme de l'ambition qu'ils affichent, les rapporteurs identifient curieusement la nation européenne qu'ils veulent créer à une simple « communauté de valeurs ». Ils se réclament de Renan dont ils n'ont visiblement fait qu'une lecture rapide. Certes, Renan rejette la conception ethnique de la nation, celle « du sang et du sol » mais s'il évoque bien « le désir de vivre ensemble », c'est après avoir évoqué « un riche legs de souvenirs » et « la volonté de faire valoir l'héritage qu'on a reçu indivis ». C'est dire que Renan n'a jamais envisagé une nation abstraite, comme on pratique « l'agriculture hors sol ». Or, la table ronde préconise rien de moins que la création d'un « mythe » : « Tel est le prochain mythe, le nouvel horizon de l'Europe de demain : construire l'Europe politique pour porter un monde de justice. » Faut-il parler de mythologie ? Mythomanie serait plus approprié, pour ne pas dire « bourrage de crânes ». En effet, que peut bien signifier « porter un monde de justice » dans la globalisation, avec comme outil une Constitution libérale à vingt-cinq, insusceptible d'être révisée autrement qu'à l'unanimité, sinon la résignation à l'ordre établi ?

Au-delà du verbiage sur « le mythe de l'Union politique », quelles sont les propositions concrètes qui pourraient hâter la venue – fût-ce au forceps – d'une « nation européenne » ?

Pour les rapporteurs, il s'agit d'abord, par une « logique de brassage », de « faire émerger la société civile européenne » : « mobilité systématique de tous les étudiants européens,... ouverture des fonctions publiques nationales aux citoyens de l'Union, droit de vote reconnu [aux mêmes] aux élections nationales,... éducation civique à l'école complétée par une connaissance des valeurs et des institutions européennes, obligation d'une deuxième langue (c'est-à-dire de l'anglais) dès l'école primaire » (on reconnaît là une des propositions du « rapport Thélot »).

Il s'agit en second lieu de « développer la sphère publique européenne » en favorisant la création d'une « Agence de presse européenne » et en créant directement « des médias audiovisuels paneuropéens grand public ». Pain bénit pour Robert Murdoch !

Il s'agit en troisième lieu de créer « un espace politique européen » en faisant désigner par les « partis politiques européens » (PPE, PSE) leur candidat à la présidence de la Commission au moment des élections européennes, en imposant le choix d'une partie au moins des commissaires parmi les euro-députés, en réservant une part des sièges au Parlement européen (par exemple 20 %) à des parlementaires élus sur des listes « paneuropéennes », en créant de vrais « partis politiques européens » ayant le pouvoir de sélectionner les candidats aux élections européennes et d'élaborer des plates-formes programmatiques communes « afin de structurer le débat politique européen ».

Pour « rapprocher le gouvernement européen des citoyens », le rapport propose encore le déploiement sur tout le territoire de « représentants locaux de la Commission, responsables devant les citoyens de la mise en œuvre des politiques européennes dans leurs circonscriptions ». On croyait savoir qu'il y avait des députés pour cela. Désormais, il faudra des préfets !

Les membres de la « table ronde » ont le mérite de jouer cartes sur table : par la création d'un « peuple européen » virtuel, ils entendent « démocratiser » l'Europe comme les néo-conservateurs américains prétendent « exporter la démocratie » au Moyen-Orient.

Imagine-t-on que l'on puisse voter pour les mêmes députés de l'Estonie au Portugal, de l'Irlande à la Grèce ?

On peut anticiper le fantastique brouillage de repères auquel conduirait le programme hautement idéologique de cette « table ronde » qui, sous prétexte d'ouvrir la voie à une Fédération, aboutirait en fait à une complète déstructuration politique, idéologique et même mentale à l'intérieur des nations européennes. Le champ serait alors libre pour le « grand Fédérateur extérieur ». Un tel programme méconnaît l'attachement des peuples d'Europe à leur histoire, à leur langue, à leur culture ou même tout simplement à leurs institutions. C'est cela que nos idéologues veulent détruire. Le programme de la table ronde cornaquée par Dominique Strauss-Kahn n'est rien de moins que l'éradication des nations et la construction sur « table rase » d'une identité purement abstraite. Je ne m'étendrai pas davantage sur les effets probables de cette décérébration programmée : une agrégation toujours plus prononcée à l'ensemble euratlantique, c'est-à-dire à l'Empire américain. Nos idéologues ne prennent pas garde qu'en voulant dissoudre les nations réellement existantes, ils risquent de créer un « peuple-Frankenstein ». Le plus inquiétant dans ce projet est le messianisme de ceux qui le portent, véritables « missionnaires bottés » résolus à faire de l'Union politique, un « nouveau mythe », un « bras armé » (je cite) pour la « nouvelle Europe ». On devine la passion avec laquelle ces nouveaux zélotes sont prêts à imposer leur croyance. Qualifié d'« Albanais » par Jacques Delors dès 1983, j'en ai depuis longtemps subi l'épreuve. De ce fanatisme, Laurent Fabius, à son tour, a fait les frais à l'occasion du référendum interne du Parti socialiste. Il échappe à nos alchimistes qu'il est parfaitement possible de construire un acteur européen stratégique au XXI$^e$ siècle sur la base et dans le prolongement des patriotismes nationaux. On peut souhaiter le développement d'un espace européen de débat et le resserrement de solidarités européennes sans pour autant mettre hors jeu l'espace national. On peut aussi encourager la mobilité des étudiants européens (c'est en principe l'objectif du LMD, c'est-à-dire de l'harmonisation des diplômes de licence, maîtrise et doctorat). Mais bâtir une Fédération illusoire sur un peuple imaginaire relève d'une autre démarche, au nom du « plus d'Europe », c'est prendre le risque de simplement tuer l'Europe.

## La paralysie garantie

Certes, la Constitution européenne affiche une rhétorique fédéraliste, sans pour autant oser le mot. Certaines de ses dispositions s'inspirent assurément d'une philosophie fédérale : le président de la Commission, proposé par le Conseil européen, est formellement élu par le Parlement (article I-20). La Commission, en tant que collège, est responsable devant le Parlement européen et celui-ci peut la censurer (article I-26, alinéa 8). La majorité qualifiée dans les votes au Conseil est étendue, les seuils de majorité abaissés par rapport à ceux résultant du traité de Nice, et la codécision entre le Conseil et le Parlement devient « la procédure législative ordinaire » (article I-34). De même, pour rendre gouvernable la Commission, censée curieusement « promouvoir l'intérêt général de l'Union », le nombre des commissaires, actuellement de vingt-cinq, sera ramené, à partir de 2014, aux deux tiers du nombre des États membres, sur la base d'un principe de rotation égalitaire qui marginalisera inévitablement encore plus les grands États. La France qui avait deux commissaires en 2004 risque de n'en avoir plus aucun d'ici dix ans ! Une Commission restreinte sera forcément un « gouvernement » plus musclé qu'une Commission pléthorique. Enfin, une « clause passerelle » est prévue dans la Constitution : elle doit permettre de contourner la nécessité de réviser le traité pour étendre à de nouveaux domaines le système du vote à la majorité qualifiée au Conseil et la « procédure législative ordinaire », c'est-à-dire la « codécision » entre le Parlement et le Conseil. Les lois européennes sont adoptées par mutuel accord selon une procédure qui évoque les « navettes parlementaires ».

Toutefois, en cas de désaccord, la loi n'est pas adoptée (article I-34). Conflit de légitimités ! D'un côté la logique fédéraliste, de l'autre, la logique intergouvernementale. Ce curieux mécanisme d'autoblocage exprime la contradiction qui mine l'édifice européen : la démocratie qui implique le respect de la loi de la majorité ne peut y fonctionner. Ce n'est pas par hasard qu'on a supprimé la phrase de Périclès, citée par Thucydide, qui figurait en exergue du texte de la Convention présidée par M. Giscard d'Estaing : « Notre Constitution est appelée démocratie parce que le pouvoir est entre les mains non d'une minorité, mais du plus grand nombre. »

Dans l'introduction qu'il a donnée au projet de Traité, M. Giscard d'Estaing nous livre sa propre philosophie : « La Constitution [...] vise à ordonnancer l'exercice des fonctions communes non pas verticalement, dans une relation hiérarchique qui serait perçue comme une confiscation exclusive du pouvoir par les opinions publiques nationales, mais à côté, et légèrement au-dessus. » « À côté et légèrement au-dessus des gouvernements nationaux », voilà l'organisation des pouvoirs européens envisagée par le « père de la Constitution » : la Tour de Pise ! On souhaite bien du plaisir aux Européens de l'avenir.

*

Si l'idéologie fédéraliste n'a pas dit son dernier mot, en réalité le « projet fédéral » est mort depuis bien longtemps sans que ses zélateurs s'en soient encore aperçus. Il a avorté avec les élargissements successifs, et d'abord peut-être dès l'entrée de la Grande-Bretagne dans le Marché commun en 1972. L'Union à neuf, puis à douze, puis à quinze et enfin à vingt-cinq a périmé en fait le dessein profond des « pères fondateurs ». Congédiées par la porte, les nations rentrent par la fenêtre.

Tous les chefs d'État et de gouvernement composant à Rome puis à Bruxelles la Conférence intergouvernementale (CIG) ont défendu bec et ongles leurs intérêts nationaux. Si les grands États ont accepté d'ultimes avancées de la rhétorique fédéraliste, c'est avec l'intention bien arrêtée de contenir les pouvoirs maintenus ou concédés à la Commission et au Parlement par un renforcement du Conseil européen. Celui-ci est chargé de « donner à l'Union les impulsions nécessaires à son développement et d'en définir les orientations et les priorités politiques générales ». C'est le Conseil européen qui propose, à la majorité qualifiée, le candidat que le Parlement européen élira à la fonction de président de la Commission. C'est lui aussi qui nomme les autres membres de la Commission, sous réserve d'un vote d'approbation du Parlement. Le Conseil « élit enfin son président pour une durée de deux ans et demi renouvelable une fois, ainsi que le ministre des Affaires étrangères de l'Union ». Cette architecture complexe fait voir que les grands États entendent « garder la main », mais elle laisse surtout augurer de nombreux conflits et d'inévitables blocages.

En effet, si les modes de scrutin avantagent incontestablement, comme nous l'avons vu, l'Allemagne et les petits États, de fait, la règle de l'unanimité demeure dans la plupart des domaines considérés comme essentiels, notamment par la Grande-Bretagne : politique extérieure, défense, fiscalité, affaires sociales. Elle a été étendue au commerce des services culturels et audiovisuels à la demande de la France, « lorsque ceux-ci risquent de porter atteinte à la diversité culturelle et linguistique de l'Union », – rédaction dangereuse, car elle inverse la charge de la preuve –, et enfin aux accords en matière de services sociaux, d'éducation et de santé, à la demande de… la Finlande !

Ainsi le texte de la « Constitution », quand on le lit entre les lignes, constitue-t-il un compromis boiteux entre deux logiques contradictoires : l'idéologie fédéraliste dont l'Allemagne était historiquement l'un des plus fervents soutiens, et la volonté de la Grande-Bretagne de préserver la souveraineté des États au sein d'une grande zone de libre-échange. La « Constitution européenne » est en réalité l'ultime avatar de la « méthode Monnet ». Mais, dans une Europe à vingt-cinq et bientôt à trente, ce prétendu « compromis » ne peut accoucher que d'un monstre : certes, économiquement, une vraie zone de libre-échange, mais, pour tout le reste, des institutions vouées à l'impuissance. Du vice initial de la construction (au double sens du terme), on est passé à la surimposition de deux architectures reflétant des inspirations antagonistes. C'est la paralysie garantie, que seule aurait permis d'éviter la conception plus souple d'une Europe admettant les différences en son sein, qu'on appelle aussi « à géométrie variable ». La « Constitution », c'est « l'Europe-impuissance » !

*L'impasse des coopérations renforcées*

Tous ceux qui ont un peu réfléchi à l'avenir de la construction européenne savent au fond d'eux-mêmes que l'avenir de l'Europe est dans la différenciation interne. Ainsi Jacques Chirac a évoqué, début 2004, après l'échec de la Confé-

rence intergouvernementale de Rome, l'idée de
« groupes pionniers ». Gerhard Schröder lui-
même semble avoir mis beaucoup d'eau dans le
vin de son fédéralisme. Les socialistes français
sont parmi les derniers à s'accrocher au mythe.
Les plus lucides, cependant, savent que ce
modèle est derrière nous et que l'avenir est aux
« coopérations renforcées » au sein de cercles
restreints de nations (la zone euro à douze, par
exemple) ou même de formations plus réduites
(une demi-douzaine) pour la défense, la recherche,
le développement industriel et technologique.
Laurent Fabius, quant à lui, propose « des
avancées différenciées » avec trois cercles de solidarités (la zone euro, l'Europe à vingt-cinq, et
l'« Europe associée », « de la Méditerranée à la
Caspienne[1] »).

Malheureusement, la « Constitution européenne »
rend quasiment impossibles, ou en tout cas très
difficiles, ces « coopérations renforcées » :

• L'article I-44, alinéa 2, de la « Constitution »
tombe comme un couperet : pour créer une
« coopération renforcée il faut le tiers des États
membres, soit neuf sur vingt-cinq et, en dernier
ressort, l'autorisation du Conseil. »

• La coopération renforcée doit respecter le
droit de l'Union, c'est-à-dire l'« acquis communautaire » (article III-416). Elle ne peut y déroger.

---

1. Laurent Fabius, *Une certaine idée de l'Europe*, Plon,
2004, p. 89, 109 à 111.

• L'article III-419, alinéa 1, précise qu'une « coopération renforcée » doit être « demandée » à la Commission. Celle-ci « peut soumettre une proposition en ce sens au Conseil ». Dans l'hypothèse où la Commission ne soumet pas de proposition, « elle en communique les raisons aux États membres concernés ». Comme le Conseil « statue sur proposition de la Commission et après approbation du Parlement européen », c'est un véritable droit de veto qui est ainsi institué. Quant à subordonner la création d'une « coopération renforcée » à l'accord du Conseil européen, il suffit de se rappeler le poids des petits pays (quatorze ont moins de dix millions d'habitants) pour mesurer qu'aucun projet ambitieux ne pourra ainsi prendre forme. Le « petit pays » préfère toujours, par définition, le Fédérateur extérieur et lointain au leadership des « grands pays » européens. Si, de surcroît, la demande de coopération renforcée concerne le domaine de la politique étrangère et de sécurité commune, il y faut encore l'avis du ministre des Affaires étrangères de l'Union et une décision du Conseil statuant à l'unanimité (article III-419, alinéa 2).

Autant dire que dans le domaine de la politique étrangère et de la défense où, par excellence, une coopération renforcée revêtirait tout son intérêt, elle est purement et simplement interdite, sauf si MM. Barroso, Solana, Blair et donc M. Bush en sont d'accord. Quant aux « coopérations structurées » dans le domaine militaire, si elles ne comportent pas de seuil minimum, elles sont ouvertes à tous les pays membres. L'embryon d'une organisation militaire indépendante ne verra jamais le jour, car l'entrisme des pays « américanocentrés » y sera la règle.

## Le verrouillage

On conçoit que M. Balladur ait déduit de ce verrouillage la nécessité de prévoir des « coopérations spécialisées[1] » en dehors du traité, puisque les coopérations renforcées prévues par celui-ci ne sont rien d'autre que des camisoles de force.

L'orthodoxie libérale et surtout atlantiste est garantie. Les chiens de garde veillent. Tout a été prévu pour réduire par avance toute velléité d'autonomie.

M. Balladur prône quand même l'approbation du « traité constitutionnel », sans paraître s'aviser que la stricte réglementation des « coopérations renforcées » pourrait bien n'être qu'un moyen, pour les instances communautaires, d'interdire les « coopérations spécialisées » qu'il propose comme autant d'atteintes à l'esprit et au texte même du traité constitutionnel.

C'est d'ailleurs un des traits communs des tenants du « oui » : ils nous incitent à approuver une « Constitution » dont ils cherchent aussitôt à s'affranchir. Ainsi Dominique Strauss-Kahn[2] nous assure-t-il que « le traité constitutionnel

_______________

1. Édouard Balladur, *Le Monde*, 26 décembre 2004.
2. Dominique Strauss-Kahn, *op. cit.*, p. 47, 93, 159.

n'est pas plus gravé dans le marbre que ses prédécesseurs. Mieux, il l'est moins… Le Parlement européen a obtenu un droit d'initiative pour la révision de la Constitution, au même titre que le Conseil des ministres et la Commission. Pour aller plus loin, il faudra penser à une "Constitution de l'an II". Les socialistes européens [pourront placer] la question constitutionnelle au cœur des prochaines élections européennes en 2009… Nous pourrons ainsi transformer le Parlement européen en une sorte d' "Assemblée constituante"… par exemple "pour lancer un traité social" ».

Dominique Strauss-Kahn berce ses lecteurs d'illusions trompeuses. Au terme de l'article IV-443, le Parlement européen peut tout au plus soumettre au Conseil un projet de révision institutionnelle. Mais, en définitive, c'est une Conférence intergouvernementale qui décide à l'unanimité : « Les amendements [à la Constitution] entrent en vigueur après avoir été ratifiés par tous les États membres conformément à leurs règles constitutionnelles respectives » (article IV-443, alinéa 3).

Il existe bien des procédures de révision dites « simplifiées » : mais toutes précisent qu'en définitive « le Conseil européen statue à l'unanimité » (article IV-444, alinéa 3 – article IV-445, alinéa 2).

Le texte de la Constitution a été ainsi soigneusement verrouillé. La « Constitution de l'an II » n'est qu'une chansonnette socialiste : « Nous ne nous battons pas aujourd'hui contre ce texte, mais, n'en doutez pas, nous allons demain retrousser nos manches quand  il sera devenu "Constitution". » En fait, il suffira de l'opposition d'un seul gouvernement pour faire capoter toute tentative de révision ! Ainsi la « Constitution européenne » fonctionnerait, si elle était adoptée, comme une drogue invalidante à perpétuité. Elle empêcherait l'expression de la volonté populaire, paralyserait la décision et constitutionnaliserait un libéralisme d'impuissance. Il ne serait pas possible d'en sortir, car à vingt-cinq ou à trente, la culture des pays nouvellement adhérents rendrait impossible toute révision à l'unanimité ! La « pépite libérale » nous pèserait longtemps sur l'estomac !

Que resterait-il alors de la démocratie ?


## La Charte des droits fondamentaux ou le triomphe de la « démocratie contentieuse » sur la démocratie républicaine

La tentation est grande, pour les plus lucides, ceux  qui prétendaient construire une « Europe fédérale », de changer la donne et de faire évoluer la définition de la démocratie, d'une conception historiquement liée à la souveraineté populaire à la conception d'un « ordre de droit », substituant définitivement le justiciable au citoyen.

Voilà pourquoi la Charte des droits fondamentaux, élaborée en 2000, a été incluse quatre ans plus tard dans la Constitution dont elle forme la deuxième partie. Je doute fort que ce soit un progrès. Cette inclusion reflète l'ambition de créer une « démocratie procédurale », dite encore « contentieuse », ambition que revendiquait déjà, en 1992, Laurent Cohen-Tanugi, alors fervent défenseur du « oui » au traité de Maastricht : « Ceux qui critiquent le déficit démocratique de l'Europe s'en tiennent à une conception réductrice de la démocratie... celle de la démocratie élective, fondée sur le seul suffrage universel. Or, depuis la guerre, la définition européenne de la démocratie s'est peu à peu enrichie d'une autre dimension, celle de l'État de droit constitutionnel, fondée sur les principes supérieurs de droit, d'équité et de procédure[1]... »

L'inclusion de la Charte des droits fondamentaux dans la Constitution vise donc à remplacer la démocratie républicaine par une soi-disant « démocratie contentieuse ». L'élaboration de la Charte des droits fondamentaux avait été confiée par le Conseil européen de Cologne à un aréopage de soixante-deux membres, certainement estimables, mais entièrement dépourvus de toute légitimité démocratique pour octroyer une telle Charte aux peuples européens. Ceux-ci n'avaient pas attendu l'an 2000 pour se doter d'un arsenal juridique protecteur de leurs libertés à travers leurs Constitutions nationales ou des traités internationaux comme la Convention

---

1. Laurent Cohen-Tanugi, *Le Monde*, 5 mai 1992.

européenne de sauvegarde des Droits de l'homme et des libertés fondamentales (1950).

La Charte des droits fondamentaux, qui constitue la deuxième partie de la « Constitution européenne », remplit l'office de ce qui, dans les Constitutions, est généralement un préambule. C'est peu dire qu'elle enfile des perles :

• Article II-61 : « La dignité humaine est inviolable. Elle doit être respectée et protégée. » Par quels moyens ? Par qui ? Mystère !

• L'article II-69 affirme « le droit de se marier ». Il évite soigneusement de préciser avec qui. Il n'est dit mot du « droit au divorce ».

• L'article II-70 pose un réel problème à notre définition de la laïcité, puisqu'il implique « la liberté de manifester sa religion ou sa conviction, individuellement ou collectivement, en public ou en privé, par le culte, l'enseignement, les pratiques et l'accomplissement des rites ». Si on admet que le port du voile à l'école constitue une « pratique » qui manifeste au moins « une conviction », que resterait-il de la loi votée par le Parlement français sur l'interdiction, à l'École publique, du port d'insignes ostentatoires d'appartenance religieuse ? Il a fallu se raviser dans une déclaration interprétative (*cf.* infra) mais déjà le feu couve…

• L'article II-75 proclame « le droit de travailler », en d'autres termes de chercher un travail, mais passe sous silence le droit à l'emploi. Régression flagrante par rapport à la Constitution de 1946 et même à celle de 1793 !

• Selon l'article II-82, « l'Union respecte la diversité culturelle, religieuse et linguistique ». On devine l'emploi qui sera fait de cette affirmation vague par les minorités ethniques et par les sectes. De même l'article II-81 interdit « toute discrimination fondée notamment sur... l'appartenance à une minorité nationale ». Les indépendantistes corses, déjà habitués aux voyages à Bruxelles, ou basques, pour ne pas parler des Hongrois de Transylvanie ou de Slovaquie, sauront certainement se saisir de ces dispositions pour faire avancer leurs revendications. La Constitution, en mettant sur le même pied les personnes et les groupes, pose les fondements d'une société communautariste où les valeurs se négocient entre les différentes communautés ethniques, linguistiques ou religieuses. Ce communautarisme est aux antipodes de la philosophie politique républicaine : « Égalité de tous devant la loi, sans distinction de race, de sexe ou de religion. » Certes, l'article I-5 affirme que « l'Union respecte... l'identité nationale des États, inhérente à leurs structures fondamentales, politiques et constitutionnelles, y compris en ce qui concerne l'autonomie locale et régionale ». Mais comment se fera la conciliation de tous ces beaux principes ? Évidemment, ce sera à la Cour de justice, dont on connaît l'orientation supranationaliste, de trancher. Or le multiculturalisme agit comme un efficace dissolvant de la citoyenneté républicaine.

• L'article II-84 précise que « les enfants peuvent exprimer leur opinion librement. Celle-ci est prise en considération pour les sujets qui les concernent en fonction de leur âge et de leur maturité ». Voilà un rude coup porté à l'autorité des maîtres. Verra-t-on les « sauvageons[1] » former des recours pour défendre leur liberté d'expression en classe ? « L'intérêt supérieur de l'enfant » est évoqué à l'alinéa 2 du même article, mais comment concilier ce principe avec celui posé par l'article II-14 qui affirme sans restriction « le droit des parents d'assurer l'éducation et l'enseignement de leurs enfants conformément à leurs convictions religieuses, philosophiques et pédagogiques » ? Cette formulation permet le conditionnement absolu des enfants. Nous sommes loin d'une définition républicaine du droit à l'éducation : « L'instruction est le besoin de tous. La société doit favoriser de tout son pouvoir les progrès de la raison publique et mettre l'instruction à la portée de tous les citoyens » (article 22 de la Constitution de 1793).

Ainsi les rédacteurs de la Charte, en l'absence de « nation européenne », ont défini des droits qui n'ajoutent rien à ceux qui existent déjà, et qui, comme suspendus dans le vide, ne trouvent aucune contrepartie dans des devoirs que seule

______________

1. Sauvageon : arbre non greffé et, par extension, enfant (ou adolescent) laissé à lui-même par ceux qui avaient la charge de l'éduquer.

l'appartenance à une collectivité historiquement constituée permettrait d'énoncer.

Les valeurs communes à la « civilisation européenne » se résument à une collection de platitudes exprimant l'air du temps : la protection des consommateurs, celle de l'environnement, le développement durable, etc. Il n'y manque que les droits des animaux ! Du moins le croyais-je, jusqu'au 18 juin 2004. Erreur ! À la demande des Britanniques, un article III-121 a été introduit in extremis à Bruxelles pour que soit pris en compte « le bien-être des animaux en tant qu'êtres sensibles ». On conciliera ce principe comme on pourra avec le sacrifice de l'aïd el-kebir (fête du sacrifice du mouton), le maintien des corridas ou le gavage des oies !

Que va-t-il résulter de l'intégration dans la « Constitution » de tant de normes indéterminées et indéterminables ? On ne le devine que trop : les citoyens réduits à l'état de « justiciables » vont s'en saisir – s'ils en ont les moyens – pour faire valoir leurs « droits » auprès des tribunaux : en dernier ressort, la Cour de justice de l'Union européenne tranchera. Un massif transfert de pouvoirs des parlements vers celle-ci risque d'en résulter : ce qui était du ressort de la législation deviendra matière à jurisprudence. Le débat qui avait lieu au sein des parlements, quelquefois devant les caméras, entre représentants élus par le peuple, se déroulera désormais au prétoire, entre juges et avocats. L'évolution du « droit européen » sera encore plus déconnectée du suffrage universel. Je doute que les « progressistes » aient matière à se réjouir : ainsi, concernant le travail de nuit des femmes, n'a-t-on pas vu une jurisprudence européenne revenir sur des « acquis sociaux » législatifs, et cela au nom du beau principe de l'égalité entre les sexes ?...

Les auteurs de la Constitution devaient être bien peu sûrs, au fond d'eux-mêmes, du progrès réalisé par la « constitutionnalisation » de la Charte : ils ont limité l'application de tant de principes fumeusement définis au « droit de l'Union » (article II-111) en précisant qu'elle ne pouvait remettre en cause les droits déjà garantis par la Convention européenne de sauvegarde des Droits de l'homme et des libertés fondamentales, ou par les « traditions constitutionnelles nationales » (article II-112). Cette limitation de l'application de la Charte au droit de l'Union est, en fait, assez illusoire car, comme on l'a vu, la Constitution n'a dressé que de fragiles digues de papier contre l'intrusion des normes communautaires dans tous les domaines de la législation. Ainsi la « Constitution européenne » apparaît-elle comme un bateau ivre, livré aux vents d'inspirations contradictoires.


## TOUT SAUF UN ESPACE RÉPUBLICAIN

L'Union européenne est tout sauf un espace républicain. Que n'a-t-on entendu, après l'invasion de l'Irak, sur la formation d'une « opinion publique européenne[1] » dans l'opposition commune à la guerre de tous les peuples d'Europe, y compris l'espagnol, l'italien, le britannique et même le polonais ? Voyons où nous en sommes dix-huit mois plus tard.

M. Barroso est l'organisateur, à la veille de la guerre, du « Sommet des Açores » entre MM. Bush, Blair, Aznar et Berlusconi ; il a été proposé par le Conseil et élu par le Parlement comme président de la Commission européenne ! Admirable démonstration à la fois de l'inexistence d'un « peuple européen » et de la manière dont les institutions communautaires fonctionnent à rebours de la démocratie d'opinion !

Dans cet enchevêtrement d'instances et de procédures paralysantes, on chercherait en vain le citoyen. Sans doute se voit-il concéder un « droit d'initiative », sous réserve que la pétition recueille un million de signatures. Mais la Commission, ainsi saisie, est libre de donner à la pétition la suite qu'elle jugera utile, en faisant – ou en ne faisant pas – « une proposition appropriée » (article I-47, alinéa 4).

De même un médiateur européen est-il habilité à « recevoir des plaintes » (article I-49). Le plaignant triomphe du citoyen : nous voici ramenés à l'Ancien Régime, à l'époque des cahiers de doléances.

L'espace républicain de débat a si peu d'importance dans la Constitution que le prin-

---

1. Dominique Reynié.

cipe de laïcité est allègrement jeté aux orties par l'article I-52 : l'Union ne se mêle point du statut des Églises et se flatte prétentieusement de pouvoir « maintenir un dialogue ouvert, transparent et régulier [avec elles] ». Cette rédaction laisse augurer bien des reculs sur la conception positive de la laïcité, qui prévaut encore dans la Constitution de notre République (le libre exercice de la raison est l'arrière-plan philosophique de la laïcité). Déjà – signe prémonitoire – M. Sarkozy propose de revenir sur la loi de séparation des Églises et de l'État. Il est parfaitement en phase avec la philosophie de la « Constitution européenne » qui confond le cultuel et le communautaire, l'espace public et l'espace privé et tord le cou à l'universalisme républicain au profit d'un multiculturalisme aux antipodes de la citoyenneté.

Dès aujourd'hui, les institutions européennes ont entraîné une grave crise de la démocratie. L'opacité des procédures communautaires conduit gouvernements et parlements à avaliser en permanence des règles qui n'ont été débattues nulle part au grand jour. « Bruxelles a décidé » devient le maître mot de gouvernements résignés à faire de la figuration. Dès lors que le sacro-saint « marché » est sauf, Bruxelles, à défaut de talisman, leur sert d'excuse absolutoire. Les gouvernements, sur des sujets essentiels, ne délibèrent plus vraiment. Ils se laissent mettre devant le fait accompli par les ministres qui sont censés négocier en leur nom. En

France, ce sont le SGCI (Secrétariat général à la coopération intergouvernementale) et la Représentation permanente à Bruxelles qui arrêtent dans le détail les dispositions que Matignon et l'Élysée finissent toujours plus ou moins par cautionner en vertu du principe « On ne peut pas ne pas », qui gouverne les républiques molles (ainsi *on ne peut pas ne pas* approuver ce que les autres ont déjà décidé – en général avec la bénédiction du « Grand Fédérateur »). Ce sont des bureaucrates qui font la loi, des bureaucrates inspirés, bien sûr, imprégnés de l'évangile du libre marché. Et ils pourraient le faire désormais à l'abri d'une « Constitution » qui cadenasserait encore plus l'expression de la volonté populaire ! L'élection ou la censure de la Commission par le Parlement européen n'est qu'une tartufferie supplémentaire : on l'a constaté avec l'éviction de la Commission de M. Rocco Buttiglione. Ce papiste égaré a été évincé alors que Mme Neelie Kroes, commissaire à la Concurrence, qui a siégé dans plus de trente conseils d'administration, aurait cent fois plus mérité de l'être. Pourvu que la bienséance règne, les vrais gouvernants sont à l'abri des gouvernés !

Ainsi périt la démocratie : la plupart des normes juridiques appliquées en France sont déjà d'origine communautaire. Et je connais des gouvernements qui n'attendent pas les décisions de Bruxelles pour en devancer l'application. L'hégémonie des idées libérales pèse d'un poids tel qu'elle étouffe à l'avance toute discussion.

Ainsi s'achemine-t-on peu à peu vers une « démocratie censitaire » : les couches sociales défavorisées s'excluent d'elles-mêmes du jeu démocratique en se réfugiant dans l'abstention. Les institutions européennes ont ainsi réussi là où la monarchie restaurée a échoué. Louis XVIII et Charles X en avaient rêvé. MM. Giscard d'Estaing, Delors, Mitterrand, Prodi et Chirac l'ont fait ! Plus besoin de « cens » électoral[1] pour écarter les pauvres ! La dévitalisation de la démocratie a conduit ces derniers à se mettre d'eux-mêmes aux « abonnés absents ».

Les tenants du « oui » dit « socialiste » nous feront encore miroiter le rêve d'un « espace unique de débat » au sein d'une « Europe fédérale » dont toutes les élites parleraient anglais et liraient le *Financial Times* : comment ne voient-ils pas qu'ils nous proposent la solidarité des privilégiés (« *Bürger aller Länder, vereinigt euch*[2] » !) contre les classes populaires définitivement larguées ? En réalité, les classes dominantes entendent faire de la « Constitution européenne » un couvercle étouffant toute velléité de résistance ultérieure des classes populaires. Elles diabolisent par avance toute opposition, du seul fait qu'elle exprimerait un attachement au mieux désuet, mais plus sûre-

---

1. Cens : quotité d'imposition nécessaire pour être électeur.

2. « Bourgeois de tous les pays, unissez-vous ! » (par analogie avec l'appel de Karl Marx : *Proletarier aller Länder*, etc.).

ment coupable, à la nation, d'où viendrait bien entendu tout le mal.

Ignorer les nations, c'est prendre consciemment le risque de les voir revenir en boomerang, et pas forcément sous la forme la plus plaisante. Comment la loi de la majorité pourra-t-elle s'appliquer à des sujets sensibles comme l'immigration, désormais soumise à la « procédure législative normale » (majorité qualifiée et codécision) ? Déjà on voit l'Allemagne s'arc-bouter pour empêcher l'adoption d'une directive communautaire en la matière. Imaginons qu'un jour un pays moins puissant soit contraint d'appliquer une « loi européenne » contre laquelle, au Conseil, son gouvernement aurait voté : ne risque-t-on pas des émeutes et que peut-être ce gouvernement soit renversé, s'il entend faire appliquer une règle que son peuple refuse ?

Cette haine de la démocratie qui vit dans les nations, au nom d'une démocratie européenne entièrement virtuelle revient à répudier l'héritage de la Révolution française. C'est, par un amalgame polémique, disqualifier par avance les combats démocratiques à venir. Ainsi s'exerce la tyrannie de la bien-pensance : les opposants, au mieux, sentent le « moisi ». De la « France moisie », – amabilité de folliculaire touche-à-tout –, on passera aux injures les plus graves et à des formes de stigmatisation de plus en plus odieuses : Jean-Marie Cavada, au Congrès de l'UDF, n'a-t-il pas renvoyé les partisans du « non » au temps affreux où Auschwitz était possible ? Je dois à la vérité de dire que ce fut sous la protestation de nombreux congressistes.

Ainsi ceux qui pensent que la nation reste le cadre essentiel de la démocratie et de la solidarité vont-ils se trouver rejetés dans les espaces infernaux. D'un côté l'incarnation du « Bien ». De l'autre, l'« axe du Mal ». Nous connaissons cette chanson. Les rôles sont ainsi complètement inversés : avec la « Constitution européenne » ce n'est pas seulement la démocratie que l'*Establishment* veut faire passer à la trappe, ce sont aussi les démocrates. Cette « post-démocratie » est, en fait, un immense danger, gros de turbulences à venir.

*

Le Conseil européen, réuni à Laeken les 14 et 15 décembre 2001, avait confié à la « Convention européenne » le soin de « simplifier » et de rendre l'Union européenne « plus transparente, plus démocratique et plus efficace ». Le flou est au résultat : la Constitution renvoie au juge européen le soin de répartir les compétences entre l'Union et les États. Au sein même de l'Union les gouvernés sont impuissants à congédier leurs gouvernants. Le pouvoir est tellement fragmenté que je défie quiconque de savoir où il serait : parmi les commissaires ou dans les arcanes de la Commission ? Dans la Banque centrale ? Au sein du Conseil des ministres et dans les tractations des Représentations permanentes ? Dans le Parlement européen et dans les obscurs travaux de ses innombrables commissions et sous-commissions ? Ou plutôt le pouvoir ne serait-il pas nulle part, c'est-à-dire à prendre, à travers la floraison des lobbies multipliant coups fourrés, pressions, contre-pressions et tractations occultes ?

Et qui ne devine que le pouvoir, en réalité, serait exercé par les intérêts économiques et financiers dominants, et, en dernier ressort, par « le Grand Fédérateur extérieur », car exiger que l'Europe à vingt-cinq parle d'une seule voix revient en réalité à ne donner la parole qu'à un seul, l'unique, le maître surpuissant dont la plupart des gouvernements européens se bornent à répercuter les propos et la volonté : les États-Unis d'Amérique.

Chapitre III

*Une « Constitution » anti-européenne :
la vassalité consentie*

## L'OTAN : UN MONDE RÉVOLU

Au lendemain de la Deuxième Guerre mondiale, la construction européenne ne peut se comprendre sans la guerre froide. L'entreprise européenne visait d'abord à rapprocher, face à l'URSS, la France et l'Allemagne. Dans un monde bipolaire, les États-Unis devaient arrimer l'Allemagne et l'Europe à l'Ouest. L'entreprise européenne conciliait l'intérêt des Européens (la reconstruction et l'essor économique grâce à l'aide américaine et à la libéralisation des échanges), et celui des États-Unis : contenir l'Union soviétique et offrir un marché à leurs firmes. Entre l'Europe occidentale et les États-Unis, l'OTAN créait enfin un pacte d'assistance mutuelle : en fait, les États-Unis s'engageaient à protéger l'Europe du communisme.

Ce monde bipolaire a cessé d'exister. Quinze ans ont passé depuis l'effondrement de l'Union soviétique. Un monde unipolaire, dominé par l'hyperpuissance américaine, a succédé à la vieille « rivalité des blocs ». C'est dans un environnement international entièrement transformé que la construction européenne continue donc de se développer. Elle a agrégé les pays de l'Europe centrale et orientale, mais l'extension de l'OTAN à ces pays, alors que la menace soviétique avait disparu, a précédé leur intégration à l'Union européenne : il fallait qu'il fût entendu que l'Europe pouvait être un marché, mais rien d'autre. En matière de défense et de sécurité, ces pays dépendraient des États-Unis. Ceux-ci veulent bien de l'Europe mais d'une Europe châtrée. Les « PECO » picorent dans la main des États-Unis : on l'a vu en février 2003 quand les nouveaux adhérents de l'Union européenne se sont rangés sous la bannière de M. Bush. Dès lors, la référence, dans la « Constitution européenne », à l'OTAN (article I-41, alinéa 2) comme « cadre de défense commune pour les États qui en sont membres et instance de sa mise en œuvre », prend un sens entièrement nouveau : la reconnaissance de l'unipolarité du monde et l'acceptation de l'allégeance à Washington. L'organisation militaire de l'OTAN, rappelons-le, est commandée par un général américain dont on imagine bien qu'il rend d'abord ses comptes à Washington ! Dans ces conditions, les dispositions visant à la mise sur pied d'une « politique de sécurité et de défense commune » ne peuvent que rester des coquilles vides. Au lieu de préparer l'avenir, les dispositions de la « Constitution européenne » concernant la politique étrangère et la défense nous figent à un moment déjà révolu des relations internationales.

*Inéluctabilité du monde multipolaire*

Deux guerres mondiales ont mis un terme à quatre siècles d'hégémonie européenne sur le monde. Les États-Unis, arc-boutés sur leur « destinée manifeste » (l'expression est de 1843) ont ravi à l'Europe du XX$^e$ siècle l'hégémonie qu'elle exerçait depuis le début du XVI$^e$. Diplomatiquement et militairement, les États-Unis dominent l'Europe à travers l'OTAN.

Projetons-nous maintenant un peu plus avant : devant la montée inéluctable, en nombre et en puissance économique, des grands pays de l'Asie (Chine, Japon, Inde au premier rang) et plus généralement des pays du Sud (Brésil, Iran, Afrique du Sud), les États-Unis prennent peu à peu les aspects d'un camp retranché. Sous couvert de lutte contre le terrorisme, ils ont entrepris une guerre de retardement afin de faire du XXI$^e$ siècle encore un « siècle américain ». C'est d'ailleurs le titre que s'est donné une fondation néo-conservatrice : For a New American Century. Par la maîtrise des sources d'énergie que les hasards de la géologie ont concentrées au Moyen-Orient, les États-Unis entendent, grâce au contrôle des gisements aussi bien que des routes maritimes, tenir la veine jugulaire dont dépend le développement futur de l'Europe et surtout de la Chine. La maîtrise des gisements d'hydrocarbures doit permettre de pérenniser l'hégémonie du dollar. Cette hégémonie, cependant, n'aura qu'un temps.

Déjà la Chine, l'Inde, le Pakistan, la Corée du Nord détiennent les armes nucléaires, et il ne tient qu'au Japon de s'en doter, s'il le veut. La guerre de domination dans laquelle se sont engagés les États-Unis en envahissant l'Irak, en vertu d'une stratégie préventive, peut être lue comme un suprême effort visant à retarder l'inévitable retour du balancier : les peuples de l'Asie retrouveront la place qui était la leur avant la conquête du monde par l'Occident. En 2025, sauf accident, le PNB de la Chine pèsera aussi lourd que celui des États-Unis. Le nouveau monde ne sera pas pour autant bipolaire, mais multipolaire. Que seront devenus d'ici là les « gouvernements amis » que les États-Unis ont mis en place au Moyen-Orient ? Ce rééquilibrage vers un monde multipolaire est au fond dans la nature des choses. Il faut éviter qu'il prenne la forme de confrontations de civilisations, aujourd'hui avec l'Islam, demain avec le monde confucéen, dans lesquelles, en tant qu'Européens, nous n'avons aucun intérêt à nous laisser entraîner. Le Sud est pluriel, comme le sont aussi l'Islam et l'Occident eux-mêmes. La paix du monde passe par le dialogue et non par le « choc des civilisations ».

Le risque serait qu'une politique d'affrontement avec le Sud suscite, en retour, une soif de revanche de ses peuples sur la domination de l'Occident : la Conférence de Durban en a fait entendre les prémices. Un tel cours de l'histoire à venir n'est nullement inévitable. Il serait évidemment catastrophique pour l'humanité et d'abord pour l'Europe qui a pour voisins les mondes arabe, africain, turc, iranien, etc. L'intérêt de l'Europe n'est pas dans le choc des cultures. Il est dans l'organisation d'un monde pluraliste et rééquilibré. Et, par conséquent, dans la reconquête de l'indépendance vis-à-vis des États-Unis qui ne remettront pas eux-mêmes en cause leur stratégie de domination. Nous verrons tout à l'heure que la « Constitution européenne », bien loin de nous affranchir de la tutelle américaine, figerait une situation de dépendance qui nous mettrait demain à la remorque de leurs aventures « expéditionnaires ». Là ne sont ni notre intérêt ni notre vocation.

*Nos partenaires à l'Est : Russie et Turquie*

L'OTAN a été créée en 1949 *« to keep the Americans in, the Russians out and the Germans down »* : « pour maintenir les Américains en Europe, les Russes en dehors et les Allemands à terre ». L'OTAN aujourd'hui n'a plus d'adversaire désigné. Elle permet plus simplement d'empêcher les Européens d'accéder à l'autonomie tout en les maintenant disponibles pour des tâches supplétives. À l'inverse, une Europe ouverte vers le Sud et développant un partenariat stratégique avec la Russie aurait, vis-à-vis des États-Unis, les moyens d'une réelle indépendance économique et d'abord énergétique, grâce notamment aux immenses réserves de gaz russe (le tiers des ressources mondiales). Elle retrouverait sa place dans l'organisation d'un monde multipolaire, une place d'alliée mais non de vassale des États-Unis. Elle pourrait ainsi peser réellement  pour les amener à réorienter leur politique.

On voit bien, cependant, qu'une telle configuration implique le contraire d'une Europe à vingt-cinq ou à trente-trois inféodée à Washington. Elle suppose un partenariat privilégié avec la Russie. L'élargissement irréfléchi de l'Europe vers l'Est risque d'exacerber les contradictions : on le constate aujourd'hui avec le projet, soutenu par un vote du Parlement européen, d'une intégration de l'Ukraine à l'Union européenne qui introduirait un brandon de discorde entre les deux extrémités du continent. Si on admet l'Ukraine, il faut aussi admettre la Russie ! Ou alors concevoir un partenariat stratégique entre l'Europe de l'Ouest et l'ensemble russophone.

De la même façon, l'adhésion de la Turquie – même à une Europe des nations – impliquerait que les Européens ne se divisent pas sur les problèmes du Caucase, sur le Kurdistan et plus généralement sur le Moyen-Orient. On peut légitimement craindre qu'en définitive ils ne s'alignent encore davantage sur Washington. Les États-Unis soutiennent l'adhésion de la Turquie comme ils ont soutenu celle des pays d'Europe centrale et orientale parce qu'ils pensent trouver dans ces pays des alliés naturels, à la fois contre la « vieille Europe » et contre la Russie. Même si la Turquie, à la longue, peut s'autonomiser, s'il n'est pas aberrant de l'accueillir dans une Europe des nations, pourquoi ne pas avoir donné la priorité au Maghreb, bien plus proche ? En tout cas, il ne serait pas raisonnable d'envisager que la Turquie puisse modeler notre législation à travers un mode de scrutin qui lui conférerait, à travers son poids démographique (71 millions d'habitants), une influence notablement supérieure à la nôtre et sans cesse croissante, puisque, d'ici dix à quinze ans, ce sera l'État le plus peuplé d'Europe. Comme disait plaisamment le général de Gaulle : « Notre verre est petit, mais nous préférons boire dans notre verre et trinquer tout à l'entour. »

La question de la Turquie a le mérite de nous obliger à préciser les contours d'une « politique à l'Est », si tant est qu'on veuille une Europe réellement autonome. La Russie constitue stratégiquement notre principal partenaire dans cette direction. C'est un grand pays européen par sa culture et sa civilisation. C'est aussi une garantie de paix et d'indépendance de notre continent à l'égard des États-Unis. La Russie est un des membres permanents du Conseil de sécurité et elle reste une puissance nucléaire et spatiale de premier ordre. La prospérité d'une grande Europe, pour se développer pleinement, a besoin de la profondeur russe. Il ne faut donc pas que l'entrée de la Turquie dans l'Europe se fasse au détriment de l'axe prioritaire qui est la Russie. Or, le Caucase comme l'Asie centrale peuvent être des objets de litiges. La Turquie, grâce à la révolution kémaliste, a une vocation naturelle à servir d'exemple dans le monde musulman, à commencer par le monde turcophone, en Asie centrale notamment.

Mais, sommes-nous sûrs, par ailleurs, qu'à travers le problème kurde nous ne serions pas aspirés par les conflits du Moyen-Orient ? Est-il avéré que tous les Européens sont prêts à garantir l'intégrité territoriale de la Turquie moyennant la reconnaissance aux 15 millions de Turcs d'origine kurde d'une certaine autonomie culturelle ? Le directeur de l'Institut kurde de Paris, M. Kendal Nezan, a souhaité publiquement que la Turquie ne soit pas admise au sein de l'Union européenne : ce n'est pas un hasard.

Enfin, serons-nous solidaires des Turcs quand ceux-ci s'opposeront à l'annexion de la région pétrolifère de Mossoul et de Kirkouk par les Kurdes irakiens qui, alliés des Américains, bénéficient déjà d'un quasi-statut d'indépendance ? Bref, ne serons-nous pas happés par les querelles irakiennes et plus généralement moyen-orientales (ni l'Iran ni la Syrie ne souhaitent un État kurde indépendant), si nous n'avons pas mis préalablement de l'ordre dans nos idées ?

Le maintien du statu quo territorial au Moyen-Orient est une condition de la paix. Il ne peut qu'entrer en contradiction avec l'irrédentisme kurde qui bénéficie en Europe d'un solide réseau de sympathies et, aux États-Unis, de soutiens diplomatiques efficaces. La Turquie ne doit pas être rejetée hors du concert européen auquel elle appartient depuis cinq siècles. Constatons que la « Constitution » ne fournit pas un cadre favorable pour l'accueillir : en introduisant une pondération démographique dans les votes au Conseil, M. Giscard d'Estaing, qui est résolument hostile à l'entrée de la Turquie, a dû y penser.

Le choix européen, fait, en son temps, par Mustapha Kemal Atatürk, doit être encouragé pour aider ce grand et beau pays à s'arrimer définitivement à la sphère de la civilisation européenne, dans des conditions qui respectent nos intérêts fondamentaux.

De même l'élargissement de l'Europe à l'Est ne doit pas nous détourner du Maghreb, de l'Afrique, du Proche et du Moyen-Orient. C'est là une dimension historique de l'influence française. Nous devons mieux associer nos partenaires européens à la solution des immenses problèmes qui se posent dans ces régions proches. L'intérêt européen est d'aider ces peuples auxquels des liens profonds nous unissent à réussir leur développement. Le basculement du Maghreb dans un intégrisme régressif serait profondément déstabilisateur pour nos sociétés. Le malheur de l'Afrique serait aussi notre malheur. Or, force est de constater que, jusqu'à présent, les initiatives de l'Europe (accords de Yaoundé puis de Lomé avec l'Afrique, processus de Barcelone vers les pays riverains de la Méditerranée) n'ont pas été à la hauteur des défis. Ce n'est certes pas la « Constitution européenne » qui permettra de les relever, même si elle comporte un chapitre méritoire, mais dépourvu d'engagement pratique, sur « la coopération avec les pays tiers et l'aide humanitaire » (article III-316 à 321).

## Un pacte de vassalité

La « Constitution européenne » nous demande de poursuivre dans la voie ouverte au lendemain de la Deuxième Guerre mondiale. Mais ce qui valait pour l'Europe à six dans un monde bipolaire n'a plus aucun sens, un demi-siècle plus tard, dans une période marquée par la domination d'une seule « hyperpuissance » et dans une Europe à vingt-cinq ou à trente. La seule question qui vaille aujourd'hui est celle de l'indépendance européenne. Or, la « Constitution » précise formellement dans son article I-41 que la politique de sécurité et de défense commune doit être « compatible avec la politique commune de sécurité et de défense arrêtée [dans le cadre de l'OTAN] pour les États qui en sont membres » (alinéa 2), et reconnaît que « le traité de l'Atlantique Nord reste, pour ces États, le fondement de leur défense collective et l'instance de sa mise en œuvre » (même article, alinéa 7). L'OTAN, instance de mise en œuvre de la défense collective ! Cette simple phrase vide de toute substance les beaux raisonnements sur l'UEO ou sur la future « défense commune européenne ».

Sur vingt-cinq pays membres de l'Union, six sont neutres ou non alignés. Les dix-neuf autres sont membres de l'OTAN. Dès 1997, au sommet de l'OTAN de Madrid, les États-Unis avaient imposé trois candidats prioritaires à l'élargissement de cette organisation : la Pologne, la Hongrie et la République tchèque, en profonde contradiction avec les accords qui, en 1990, avaient mis fin à la guerre froide. Dans les accords dits à « 4 +2 » (les quatre « grands » et les deux « Allemagne »), il avait été entendu que l'OTAN ne s'étendrait pas au territoire de l'ex-Allemagne de l'Est. C'est l'esprit de cette disposition qui a été violé par l'extension de l'OTAN à la Pologne, à la Hongrie et à la République tchèque. À ces trois pays se sont ajoutés depuis lors les pays Baltes, la Slovaquie, la Slovénie, la Roumanie et la Bulgarie. Les pays de l'Europe ex-communiste ont ainsi démontré que, parlant beaucoup d'Europe, ils rêvaient surtout d'Amérique. C'était déjà la raison de l'échec du projet français de « Confédération » présenté à Prague en 1991. Le 5 février 2003, dix pays d'Europe centrale et orientale (les mêmes, auxquels se sont ajoutés la Croatie, la Macédoine et l'Albanie) ont publié une lettre appuyant la politique des États-Unis qui s'apprêtaient alors à envahir l'Irak. Il faudra sans doute un long temps pour que ces pays s'aperçoivent que la menace russe et la menace allemande ont disparu et que la solidarité européenne est sans doute préférable au protectorat américain.

Avant d'en venir aux dispositions de la Constitution qui régissent les domaines de la défense et de la sécurité, voyons d'abord celles qui s'appliquent à la politique étrangère.

### Une politique étrangère inféodée

Outre la subordination de la politique de sécurité et de défense commune aux obligations découlant du traité de l'Atlantique Nord, l'obligation de consultation préalable, avant toute initiative nationale de politique étrangère (article I-40), comme l'institution d'un ministre des Affaires étrangères européen constituent autant de dispositions fondamentalement émollientes ou paralysantes.

Le « ministre des Affaires étrangères de l'Union » créé par la Constitution a ainsi pour tâche de « veiller à la cohérence de l'action extérieure de l'Union » (article I-28). Mais, dans ce domaine, « le Conseil européen statue à l'unanimité » (article III-293). Qui décide de décider à l'unanimité décide soit de ne jamais décider, soit de se plier à la raison du plus fort. La « politique étrangère et de sécurité commune » ne sera sans doute que le royaume de l'esbroufe ou de l'impuissance consentie. Pendant la crise irakienne, M. Simitis, le Premier ministre grec, qui présidait alors le Conseil européen, a organisé une réunion de pure forme : on s'est accordé sur un constat de désaccord. Avec le texte de la Constitution, la France, l'Allemagne, la Belgique et le Luxembourg se seraient retrouvés minoritaires. Ce que la France, appuyée par l'Allemagne, a pu faire au Conseil de sécurité en février-mars 2003, ne serait plus possible avec le texte de la « Constitution européenne ».

L'article III-300 prévoit bien que le Conseil décide à l'unanimité mais précise que « tout membre du Conseil qui s'abstient lors d'un vote peut assortir son abstention d'une déclaration formelle. Dans ce cas, il n'est pas tenu d'appliquer la décision européenne, mais il accepte qu'elle engage l'Union. Dans un esprit de solidarité mutuelle, l'État membre concerné s'abstient de toute action susceptible d'entrer en conflit avec l'action de l'Union... ». On voit d'avance quel eût été le résultat de cette concertation dans les débats qui ont précédé l'invasion de l'Irak par les forces américano-britanniques, si la « Constitution européenne » avait été en vigueur ! M. Solana, actuel « ministre des Affaires étrangères de l'Union », sans parler de M. Barroso et du futur « Président de l'Union », se seraient crus obligés de dire quelque chose. Grande eût été chez eux la tentation de faire comme si l'Europe « pouvait parler d'une seule voix ». Fonction oblige. Une voix de ventriloque se serait alors fait entendre : elle aurait parlé yankee. La tentation aurait été d'autant plus forte de s'aligner, chez ceux qui eurent le courage de résister, alors que les textes n'autorisent guère « une échappée en solitaire ».

La France se serait sans doute abstenue au Conseil européen mais elle n'aurait pas pu menacer d'utiliser, au Conseil de sécurité de l'ONU, son droit de veto. La « Constitution européenne » précise dans son article III-305 que « les États membres qui sont aussi membres du Conseil de sécurité défendront... les positions et les intérêts de l'Union ». Les articles I-16 et III-294 requièrent des États membres « un esprit de loyauté et de solidarité mutuelle »... et qu'« ils s'abstiennent de toute action contraire aux intérêts de l'Union ou susceptible de nuire à son efficacité ». Ce n'est un mystère pour personne qu'une majorité de gouvernements européens étaient prêts, en février-mars 2003, à cautionner l'expédition américaine en Irak. Beaucoup même y ont participé. La Grande-Bretagne, majoritaire au Conseil européen, aurait voté au Conseil de sécurité la résolution autorisant la guerre et la France, minoritaire, se serait abstenue, pour ne pas porter atteinte à l'esprit de la « Constitution », entraînant dans son abstention dix autres pays membres du Conseil de sécurité (sur quinze au total) qui n'étaient pas favorables à l'invasion de l'Irak. Une deuxième résolution autorisant la guerre aurait été alors votée. Cette guerre eût été celle de l'Occident tout entier. L'ONU s'y serait discréditée. En détruisant l'indépendance française, on détruit celle de l'Europe et, en définitive, la liberté du monde.

M. Solana aurait figuré au mieux l'impuissance de l'Union européenne. La « Constitution » aurait rempli son office : elle aurait empêché toute contestation européenne de la politique de M. Bush. Qui sait même si nos soldats, sous le prétexte, fallacieux mais sonore, d'avoir à « tenir le rang de la France », ne se seraient pas retrouvés quelque part entre le Tigre et l'Euphrate où ils seraient aujourd'hui ensablés ?

La vassalisation de l'Union européenne aux États-Unis constituerait un fait acquis aux yeux du monde. Une opposition Nord-Sud dresserait un mur de haine entre la moitié la plus pauvre de l'univers et l'Occident rassemblé sous la houlette américaine. C'est cela que veulent les États-Unis. C'est cela qu'ils nous demandent et à quoi nous finirons par céder, surtout si la « Constitution européenne » est adoptée.

Combien de temps pourrons-nous résister à leur formidable pression ? La « Constitution » privilégie – on l'a vu – l'OTAN comme cadre d'action militaire extérieure. Nous en savons déjà quelque chose au Kosovo, en Afghanistan et enfin pour la formation, hors d'Irak il est vrai pour le moment, de la gendarmerie d'un gouvernement irakien issu d'une parodie d'élections.

La « Constitution européenne » donne en fait aux États-Unis un véritable droit de regard sur la politique étrangère de l'Union européenne. À terme rapproché, notre siège au Conseil de sécurité de l'ONU serait remis en cause : on nous demanderait d'abord de relayer les vues de l'Union européenne, puis de transférer purement et simplement à celle-ci le siège de la France. C'est ce qu'a déclaré récemment M. Geremek, l'ancien ministre des Affaires étrangères polonais. Il a dit tout haut ce que beaucoup pensent tout bas.

*Une défense subordonnée*

Dès lors que l'OTAN est consacrée par la « Constitution » comme l'organisation de défense de la majorité des pays de l'Union européenne et de ceux qui demandent à la rejoindre, en quoi peut bien consister cette « politique de sécurité et de défense commune » dont l'article I-41 nous dit qu'elle doit être « compatible avec celle arrêtée dans le cadre de l'OTAN » ? Essentiellement à fournir une capacité opérationnelle pour « assurer des missions de maintien de la paix et de prévention des conflits » (même article). Certes, ces missions devront s'opérer « conformément aux principes de la Charte des Nations unies ». Mais cette précaution formelle ne doit pas nous faire oublier l'instrumentation constante dont les Nations-Unies ont fait l'objet tout au long des années quatre-vingt-dix et, encore moins, la « reprise en main » récente de l'administration de l'ONU par Washington. Même bénies par l'ONU, les « missions » prévues par la « Constitution européenne » s'exécuteront le plus souvent dans le cadre de l'OTAN, organisation qui, depuis l'affaire du Kosovo, n'a plus de champ d'application géographique propre : c'est ainsi, dans ce cadre, que les Européens mènent en Afghanistan des opérations de pacification, bien entendu sous contrôle opérationnel américain. Chacun connaît la doctrine officielle américaine qui vise à instrumenter l'ONU et, le cas échéant, à s'en passer, quitte à y recourir ensuite pour couvrir a posteriori une violation de la légalité internationale (c'est ce qui s'est passé en 1999 au Kosovo et en 2003 en Irak). Les « forces multinationales » prévues par la « Constitution européenne » correspondent parfaitement aux besoins exprimés par l'état-major des forces armées américaines : les États-Unis se réservent de faire la guerre, mais cherchent à sous-traiter l'après-guerre, c'est-à-dire l'occupation du terrain par des forces supplétives, conformément à l'adage : « Les États-Unis font la cuisine et les alliés la vaisselle. »

L'article III-309 de la Constitution est explicite : « Les missions de sécurité commune peuvent contribuer à la lutte contre le terrorisme, y compris par le soutien apporté à des pays tiers pour combattre le terrorisme sur leur territoire. » C'est un aller simple donné à nos soldats pour Bagdad. À partir d'une telle définition des missions, comment l'Union européenne pourrait-elle résister à l'implication dans la « quatrième guerre mondiale contre le terrorisme » déclarée par George Bush ? Elle cautionnerait ainsi une guerre de civilisations qu'elle déclare par ailleurs réprouver. La politique de sécurité et de défense commune se place clairement dans la perspective d'un renforcement de l'Alliance atlantique : « Un rôle plus affirmé de l'Union en matière de sécurité et de défense contribuera à la vitalité d'une alliance atlantique rénovée » (préambule du protocole n° 23 sur la « coopération structurée permanente »).

Peut-il surgir de ce dispositif même l'embryon d'une défense autonome ? C'était, paraît-il, le propos de la France, de l'Allemagne, de la Belgique et du Luxembourg en 2003, au lendemain de l'invasion de l'Irak. Qu'en est-il exactement ? Une « coopération structurée permanente » est bien prévue par l'article I-41, alinéa 6 « pour les États qui remplissent des critères plus élevés de capacité militaire et qui ont souscrit des engagements plus contraignants en vue des missions les plus exigeantes ». Il est vrai qu'à la différence des « coopérations renforcées » de l'article I-44, qui doivent rassembler au moins un tiers des États membres, la « coopération structurée permanente » ne définit pas de seuil minimal. Mais les exigences à remplir pour adhérer à cette « coopération structurée » sont modestes : il suffit de pouvoir mettre à disposition « un groupement tactique avec des éléments de soutien… dans un délai de cinq à trente jours pour des missions de trente jours, prorogeables jusqu'à au moins cent vingt jours ». Cette exigence minimale n'élimine que les très petits pays. La « coopération structurée permanente » est ouverte aux États membres qui souhaitent y participer ; pour fixer la liste des États membres, le Conseil statue à la majorité qualifiée. Rien ne précise la vocation stratégique autonome de cette « coopération structurée permanente » dont l'un des objectifs est de renforcer « l'interopérabilité » des forces (article 2 du protocole). Les connaisseurs savent ce qui se cache derrière ce concept : l'interopérabilité, c'est la mise en conformité avec les normes fixées par l'OTAN. L'article III-311 crée une « Agence européenne de défense » en vue d'harmoniser les besoins opérationnels, de coordonner les programmes d'armement, de soutenir la recherche et de renforcer la base industrielle et technologique du secteur de la défense. Cette Agence est également ouverte à tous les États membres qui souhaitent y participer. Le premier directeur de cette agence est un Britannique qui a évincé le candidat français. Logique : dans l'Europe à vingt-cinq et bientôt à trente, la majorité des gouvernements entend conduire une politique de défense « otano-compatible ». C'est ainsi que le 9 novembre 2004, les ministres des Transports européens ont décidé le lancement du système de navigation par satellite, Galileo, en précisant, à la demande des Britanniques, que ce système ne devait pas avoir d'usage militaire : il faut qu'il soit entendu qu'en la matière les Américains – à travers leur GPS (Global Positionning System) – doivent conserver leur monopole.

Que reste-t-il des velléités françaises de défense autonome ? Pas grand-chose : à l'Agence européenne comme dans la « coopération structurée permanente », la France sera structurellement et en permanence minoritaire. Seule consolation accordée par M. Blair : un petit cagibi, à Mons, en Belgique, au siège de l'OTAN, à partir duquel un micro état-major opérationnel pourra piloter quelques missions d'interposition humanitaire en Afrique, que l'état-major de l'OTAN aura consenti à sous-traiter aux « Européens ».

La « Constitution européenne » vaut acte de vassalité. « L'épée est l'axe du monde, disait le général de Gaulle, et la grandeur ne se divise pas. » En renonçant par avance à se doter d'une défense qui lui soit propre, l'Union européenne accepte de n'être jamais autre chose qu'un prolongement de l'Empire américain.

L'idée d'une défense européenne indépendante n'est ainsi qu'un vœu pieux, et comme on ne peut séparer la puissance militaire de la puissance économique et politique, la subordination durable de l'Europe se trouverait ainsi consacrée par la « Constitution européenne ». Les propagandistes du « oui » veulent nous faire croire que cette « Constitution » serait le moyen de contre-balancer la puissance américaine. Il faut, pour cela, n'en avoir pas lu le texte. Qui croira que si une telle Constitution eût pu inquiéter M. Bush, M. Blair l'aurait signée ? Les partisans du « oui » se veulent « modernes » ; ils ne sont que fascinés par les États-Unis. Le monde inévitablement multipolaire de demain leur échappe.

## Une « Constitution » en phase avec la « globalisation »

Nous voici parvenus, sur l'essentiel, au terme de l'analyse du texte de la « Constitution européenne ». Pour bien en comprendre le sens, replaçons-la dans le contexte d'ensemble du monde dans lequel nous vivons : à la fois sur les plans économique, social, politique, diplomatique et militaire.

La logique de la « Constitution européenne », résumée par le « principe de l'économie ouverte où la concurrence est libre et non faussée », est parfaitement en phase avec la mondialisation libérale, la marchandisation du monde par les multinationales, la globalisation financière et la « gouvernance globale » post-démocratique, soutenue par le bras armé de l'hyperpuissance.

Un texte aussi touffu que la « Constitution européenne » ne peut se comprendre que dans le contexte de la « globalisation » telle qu'elle fonctionne aujourd'hui. Les multinationales américaines de l'énergie et de l'armement exercent directement leur influence au sein de l'Administration Bush, mais les autres ne s'inscrivent pas dans une logique fondamentalement différente. En matière de politique étrangère, républicains et démocrates américains se distinguent moins sur le fond que par la méthode, prônant une combinaison différente de force et de persuasion (ce qu'on appelle *hard power* et *soft power*), les républicains, plus cyniques ou plus francs, professant l'unilatéralisme, et les démocrates une « concertation » plus ou moins formelle. Mme Rice se révèle d'ailleurs tout aussi capable que Mme Allbright d'enrober la marchandise aux yeux de dirigeants européens peu regardants. George W. Bush peut aussi, comme on l'a vu à Bruxelles, en février 2005, « mettre les formes ». Tous, quelle que soit la rhétorique, veulent en fait une Europe alignée sur les États-Unis.

Majoritairement, la société américaine s'inscrit dans la logique impériale. Certes, la classe ouvrière souffre de la désindustrialisation. Trente millions de pauvres sont exclus des bénéfices du système. Il existe enfin une intelligentsia contestataire. Mais, globalement, et les dernières élections l'ont montré, une majorité des Américains, intéressés aux bénéfices de la mondialisation et emportés par un nationalisme de grande puissance, épouse – consciemment ou non – la logique impériale. Cela ne durera pas toujours. L'historien américain Paul Kennedy[1] a montré, dès 1987, que tout empire atteint un jour sa limite, qu'il appelle « surexpansion impériale ».

---

1. Paul Kennedy, *Rise and Fall of Great Powers*, Random House, 1987. *Naissance et déclin des grandes puissances*, Payot, 1989.

Avec un déficit de 628 milliards de dollars de la balance commerciale américaine, en 2004, et l'enlisement militaire en Irak, nous y sommes.

*L'Euramérique*

De ce côté-ci de l'Atlantique, les Européens sont divisés. Les classes dominantes profitent de la rente financière. Les « élites mondialisées », évoquées par Zygmunt Bauman, ne conçoivent pas leur avenir en dehors du leadership étasunien. De même, une partie des classes moyennes tire son épingle du jeu : on les appelle ironiquement les « bobos » (bourgeois-bohêmes) ; même s'ils se donnent les apparences de la contestation, ils sont fondamentalement ralliés à l'ordre du monde. À l'inverse, les classes populaires sont les grandes perdantes de la globalisation. Mais l'abstention-nisme qui les caractérise de plus en plus les margi-nalise dans le système politique. Enfin, certains groupes industriels, affrontés à la concurrence américaine en Europe de l'Est et en Asie et à la dévaluation sauvage du dollar, manifestent une sourde velléité de résistance. Mais c'est surtout l'opinion publique européenne, fondamentale-ment pacifique, voire pacifiste, qui renâcle à la perspective d'une « guerre des civilisations » qui ne serait pas sans répercussions sur l'équilibre même des sociétés européennes. Au total, les élites et l'opinion publique européennes sont partagées. Les milieux dirigeants sont, pour la plupart, tentés de s'agréger à l'*establishment* anglo-saxon. Ils rêvent d'appartenir à la « classe dominante mondiale ». Mais des forces relativement puissantes dans l'opinion s'exercent pour retenir certains dirigeants politiques, principalement allemands et français, de franchir le pas.



Depuis toujours, la Grande-Bretagne donne la préférence au « grand large » sur l'Europe. Cela peut se comprendre : les peuples de langue anglaise forment, de par le monde, une belle et grande famille. Travaillistes de Tony Blair comme conservateurs se sentent solidaires des États-Unis et de leur politique impériale. L'Angleterre n'a adhéré au Marché commun que pour mieux le vider de sa substance proprement politique. Elle a œuvré continûment à l'élargissement et à la dissolution de l'Union européenne dans une grande zone de libre-échange. Elle a imposé sa langue dans les institutions communautaires.

L'objectif principal de la Grande-Bretagne a été et reste d'empêcher que les deux principales puissances sur le continent, l'Allemagne et la France, finissent par s'entendre pour faire surgir un « acteur européen stratégique » sur la scène mondiale. On peut dire qu'elle a jusqu'à présent parfaitement réussi dans cette entreprise. En trente ans, le Foreign Office a imposé l'Europe qui lui convenait : une grande zone de libre-échange invertébrée, simple compartiment du marché mondial, par ailleurs succursale, en matière de politique extérieure, ou plutôt vague banlieue de l'Empire américain.

La « Constitution européenne » nous enferme encore un peu plus dans un modèle anglo-saxon, ce que ne nie pas l'un des plus ardents partisans du « oui », M. Jean-Claude Casanova, directeur de la Revue *Commentaire* et éditorialiste du *Monde* : « Cette Constitution consacre le triomphe politique de la Grande-Bretagne, puisqu'elle aboutit à une Europe dans laquelle le Royaume-Uni serait à la fois le pivot politique parce qu'elle en aurait fixé les règles et les limites, et la charnière avec les États-Unis, dont il est le voisin et parent. Dans "l'Euramérique" qui se profile, l'Angleterre tient un rôle central[1]. »

*

À l'Allemagne les États-Unis n'ont eu de cesse, depuis la chute de l'URSS et la réunification allemande, que d'offrir, au moins en paroles, le *partnership in the leadership*. Mais, dans les faits, l'Allemagne, confrontée aux difficultés de l'intégration des Länder de l'Est et à la crise de son modèle social (plus de cinq millions de chômeurs), doit faire face à une politique de marquage systématique en Europe de l'Est, au Moyen-Orient, en Asie, et à une dévaluation du dollar très pénalisante sur les marchés extérieurs.

---

1. *Le Monde*, 25-26 juillet 2004.

La politique étrangère de Gehrard Schröder depuis 2002 a révélé la prise de distance qui s'était opérée dans l'opinion publique allemande vis-à-vis de la politique belliciste des États-Unis. Cette distanciation ne peut cependant faire oublier la puissance des courants atlantistes dans la CDU-CSU et les faiblesses internes de la coalition SPD-Verts. Joschka Fischer, le ministre des Affaires étrangères allemand, rêve moins d'un partenariat franco-allemand que d'un rôle de médiateur, pour l'Allemagne, entre la France et les États-Unis. Cette vision peut être contestée au nom d'une stratégie européenne autonome au sein de laquelle il n'y a pas de substitut, ni pour l'Allemagne ni pour la France, à un partenariat toujours plus étroit. Mais cette tentation existe néanmoins outre-Rhin, appuyée sur une sorte de résignation « post-nationale » à sortir de l'Histoire. L'Allemagne est le premier exportateur mondial. C'est dire que les tenants du « tout marché » ont des alliés dans la place. Certes, l'Allemagne reprend de plus en plus conscience de ses intérêts nationaux, mais elle hésite encore quant à la manière de les traduire.

*La France en voie de marginalisation*

La France s'est sacrifiée depuis trente ans sur l'autel d'une Europe intégrée dont le rêve reculait au fur et à mesure que l'Europe s'élargissait, croyant naïvement qu'elle allait pouvoir transférer ses ambitions nationales à un niveau supérieur. Elle découvre que l'élargissement, contradictoire avec son désir d'approfondissement, a abouti en fait à la marginaliser. En réalité, tous les autres pays, sous l'habit communautaire, défendent farouchement leurs intérêts nationaux. La plupart ont rattrapé ou sont en voie de rattraper leur retard historique, tandis que la France n'a pas cessé de perdre du terrain, par exemple en termes de production ou de pouvoir d'achat par habitant. Elle a laissé se relâcher les liens qu'elle entretenait traditionnellement avec les pays de la Méditerranée et de l'Afrique. Sa langue se perd. Sa culture s'étiole. Ses élites, de droite et de gauche, se sont attachées, depuis la fin des années soixante-dix, à démanteler l'État avec une remarquable constance : plus de projet national, de moins en moins de compétences propres, plus d'outils d'intervention. Le vouloir-vivre commun qui est la base de la nation, selon Renan, s'est affaissé en même temps que se détendait le ressort de la vie démocratique, de plus en plus réduite à un théâtre d'ombres. Le modèle de la citoyenneté républicaine est en crise.

La France a pourtant connu une embellie, en 2002-2003, au moment où elle s'est opposée frontalement, et non sans panache, à l'unilatéralisme américain. Elle a ainsi démontré qu'elle restait et pouvait rester, à condition de le vouloir, « une grande puissance politique ». Feu de paille ? C'est cette volonté qui semble aujourd'hui manquer à nouveau. La France rentre dans le rang, et elle le fait « sous couverture européenne ». En réalité, rien n'est moins européen que la prétendue « Constitution européenne ». Elle va nous ranger dans une sorte de protectorat continental où toute expression indépendante sera étouffée sous un lacis inextricable de procédures paralysantes. À côté des règles mouvantes et auto-bloquantes de la Constitution dite « européenne », celles qui définissaient les prérogatives des magnats et des nobles dans la Diète polonaise du XVI$^e$ au XVIII$^e$ siècles paraîtront un miracle de transparence et d'efficacité ! On sait pourtant que ce système a conduit aux trois partages de ce malheureux pays en 1772, 1793 et 1795.

Les règles posées par la « Constitution euro-péenne » renforcent la marginalisation de la France en Europe. Au sein de la Commission, nous avions deux commissaires. Nous n'en avons plus qu'un seul sur vingt-cinq depuis novembre 2004 et nous risquons de ne plus en avoir du tout à compter de 2014, quand le nombre des commissaires sera des deux tiers de celui des États membres, en fonction d'un système de rotation égale entre ceux-ci. Dès aujourd'hui la composition et l'orientation poli-tique, libérale et atlantiste, de la Commission Barroso manifestent la grave perte d'influence de la France.

Au Parlement européen, le décrochage date du traité de Nice (99 députés pour l'Allemagne, 78 pour la France). Mais c'est surtout au Conseil européen que le poids relatif de la

France se trouverait réduit par la « Constitution européenne ». La règle de la pondération démographique risque de déséquilibrer durablement le couple franco-allemand : il suffirait – on l'a vu – à l'Allemagne d'ajouter 75 millions d'habitants répartis dans trois États pour constituer une minorité de blocage. Il en faudra 95 millions à la France pour parvenir au même résultat. La situation eût été encore plus déséquilibrée, si on avait suivi l'idée initiale de M. Giscard d'Estaing (majorité réduite à 60 % de la population, véritable idée de polytechnicien) ou plus encore, la proposition allemande (55 %) reprise par Dominique Strauss-Kahn[1] !

La France, pour s'attacher l'Allemagne, a multiplié les concessions. Il n'est pas sûr que cela suffise. Pour durer, un partenariat doit être équilibré. Par ailleurs, la « régence franco-allemande » est ouvertement contestée non seulement par la Grande-Bretagne et l'Italie, mais aussi par les pays d'Europe centrale et orientale que les États-Unis n'ont guère de peine à instrumenter.

*

Ainsi le déséquilibre est-il manifeste non seulement au niveau européen, mais, plus encore, si on prend une vue mondiale des choses, entre les tenants du libre marché mondialisé et de la

---

1. Rapport de la table ronde au Président Prodi, mars 2004, p. 38.

« globalisation impériale », et, par ailleurs, les acteurs d'une possible résistance, capables de donner demain à l'Europe un rôle autonome dans un monde multipolaire. Ces derniers seraient « ficelés » à l'avance dans les rêts d'une « Constitution » pseudo européenne, en fait véritable pacte de vassalité. Mieux vaudrait l'appeler « la Constitution anti-européenne » !

Chapitre IV

## *Comment faire surgir au XXI^e siècle un acteur européen stratégique ?*

Comment nos dirigeants ont-il pu apposer leur signature au bas d'un texte aussi manifestement contraire aux intérêts de notre peuple ainsi qu'à ceux d'une Europe véritablement « européenne » ?

Comment les dirigeants du PS, malgré l'opposition, il est vrai, de plus des deux cinquièmes de leurs militants, peuvent-ils cautionner un tel acte de renoncement devant un naufrage social programmé ?

Et comment tous ensemble ont-ils pu consentir au dépérissement de la démocratie et à ce qu'il faut bien appeler, pour paraphraser Pierre Mendès France, « l'abdication de la République » ? Il y a là un mystère qu'il faut lever, car nos concitoyens ne peuvent qu'être ébranlés par cette incroyable conjonction en faveur du « oui » des gouvernements et des

« élites » européennes et françaises, de droite ou
se disant « de gauche ».

## LE MYTHE DÉTOURNÉ

S'il est vrai que « nul n'est méchant volontairement », il n'y a de réponse que dans la
puissance du mythe et dans sa complète instrumentation.

Le mythe, d'abord, constitue une croyance de
type religieux qui résiste à toute forme d'argumentation rationnelle. Les mythes moteurs (on
les appelle « utopies » parfois) répondent à des
aspirations puissantes. Le socialisme a correspondu à un grand rêve de justice qu'il n'est nul
besoin de piétiner aujourd'hui. Le « mythe européen » a été une réaction de sauvegarde après
l'horreur de deux guerres mondiales. Peu
importe, après tout, que, dans l'urgence, la signification de ce « Plus jamais ça ! » n'ait pas été
davantage réfléchie. De toute évidence, ce mythe
répond à une nécessité d'ordre vital : les peuples
européens doivent désormais construire leur
destin ensemble, non pas, comme on nous le
serine, pour conjurer entre eux le spectre d'une
nouvelle guerre, définitivement hors de saison,
mais tout simplement, comme je le crois, pour
exister, demain, entre l'hyperpuissance américaine et la montée de la Chine et de l'Inde.

Mais le mythe a été cyniquement instrumenté : le libéralisme mondialisé – ce que les

Anglo-Saxons appellent « globalisation » — a enrôlé sous sa bannière Victor Hugo, Romain Rolland, Stefan Zweig et la longue cohorte des utopistes qui rêvaient des États-Unis d'Europe quand les peuples se déchiraient. Il y a dans cet enrôlement du père Hugo, devenu supplétif malgré lui, une sorte de subterfuge du capital mondialisé. Le mythe a été détourné par les classes dirigeantes et par l'idéologie dominante, pour faire accepter aux peuples une libéralisation à tous crins qui leur enlève la maîtrise de leur avenir. Une idéologie « boniste[1] » (ses partisans sont des « bons », convaincus d'incarner « le Bien ») tend à diaboliser quiconque objecte au libéralisme mondialisé dont le super-État européen n'est que la couverture. Le mythe ainsi instrumenté se retourne contre l'Europe de plus en plus délayée dans l'océan du marché mondial.

Ce détournement a permis un conditionnement des masses au service non pas des peuples d'Europe, mais des grands intérêts dominants à l'échelle mondiale. Jamais l'Europe n'a été plus profondément en crise que depuis 1974. Et jamais, paradoxalement, le « mythe européen » n'a davantage prospéré que durant ces trente dernières années.

Déjà, au moment de la conclusion de l'Acte unique, en 1985, Jacques Delors nous berçait d'un « horizon 1992 » où, par les vertus du grand

---

1. J'emprunte cette expression à Sami Naïr

marché unique, la croissance aurait effacé le chômage.

L'année 1992 vint, et, avec elle, le référendum sur le traité de Maastricht. Le propre de l'horizon est de reculer au fur et à mesure qu'on avance. François Mitterrand, à son tour, à la veille du référendum de septembre 1992, déclarait : « À partir du 1er janvier 1993 – l'Acte unique s'applique ce jour-là –, les frontières seront ouvertes et cela risque d'être l'avalanche. Ce sera l'Europe-passoire. Et le traité de Maastricht ou d'Union européenne a été prévu par Helmut Kohl, Jacques Delors et par moi-même… afin de protéger nos pays et de protéger les Français contre le fait qu'il n'y aura plus de frontières[1]. »

Les croyances résistent aux faits : délocalisations, fermetures d'entreprises, plans dits « sociaux », montée du chômage, euro asphyxiant pour l'économie, nouvelle ère de tensions internationales face auxquelles les gouvernements européens se retrouvent divisés. À tout problème le « mythe » apporte solution. Il fournit une réponse toute prête à tous les arguments tirés de l'existence du mal : le chômage, l'injustice, la guerre. Comme jadis les défauts de l'URSS s'expliquaient par l'insuffisance de « socialisme », de même les difficultés d'aujourd'hui se résoudront par « plus d'Europe ».

L'esprit laïc est tenté de déclarer forfait devant cette nouvelle « théodicée ». On appelle ainsi

_______________

1. TF1, 3 septembre 1992

cette branche de la théologie dont la tâche est de justifier Dieu des malheurs qui frappent le monde. Quiconque n'adhère pas à ce messianisme sera déclaré relaps. Certes, il ne sera pas brûlé vif sur les bûchers d'une nouvelle Inquisition. On se bornera à suggérer aux opposants « d'abandonner la politique », comme les y exhortait déjà Jacques Delors, à Quimper, le 28 août 1992.

C'est pourquoi les plus prudents s'inclinent devant la puissance du « mythe ». Comme Henri IV, à qui la postérité n'a pas tenu rigueur d'avoir troqué Paris pour une messe, Jacques Chirac a choisi de confesser la nouvelle religion. Vrai ou faux converti, après avoir fustigé « l'Empire des marchands » dans son célèbre « appel de Cochin » (1979), Jacques Chirac fit successivement voter l'Acte unique (1987), puis le traité de Maastricht (1992) que François Mitterrand avait négociés, avant de signer à son tour les traités d'Amsterdam (1997), de Nice (2000) et de Bruxelles (2004), celui-ci érigé en « Constitution », comme il l'avait lui-même préconisé devant le Bundestag, à Berlin, en mai 2000. À l'occasion de ses vœux, le 31 décembre 2004, il déclare : « En approuvant la Constitution européenne, vous permettrez à l'Europe d'être plus démocratique, plus volontaire, plus puissante. Vous la rendrez capable de progrès économiques et sociaux plus rapides. Et vous permettrez à la France de peser davantage dans l'Union. »

Comme toujours, le Président excelle à nous faire prendre des vessies pour des lanternes. Son gouvernement et lui prétendent nous faire voter sur l'Europe, c'est-à-dire sur le « mythe », alors que la question posée est celle de la « Constitution » et des règles qu'elle édicte.

Les yeux cependant se dessillent. La base se révolte contre le bourrage de crânes. Le mythe a du plomb dans l'aile. Je propose de le remettre sur ses pieds pour sauver en lui ce qu'il a de juste : la conscience d'une solidarité de destin entre les peuples européens.


LE MYTHE RETOURNÉ :
UN ACTEUR EUROPÉEN STRATÉGIQUE
À PARTIR DES NATIONS

Il faut pour cela arracher le mythe à ceux qui l'ont détourné, en montrant comment on peut construire consciemment, au XXI<sup>e</sup> siècle, un acteur européen stratégique, non pas contre la démocratie mais en s'appuyant sur elle. Pas question de laisser le mythe à ceux qui l'ont dévoyé ! Il faut au contraire montrer aux peuples comment on peut faire passer le projet politique avant le Meccano institutionnel.

Ce projet, en lui-même, est simple. Il consiste à affirmer l'objectif : celui d'une Europe démocratique indépendante et solidaire, acteur politique de notre Histoire au XXI<sup>e</sup> siècle, de plain-pied avec les États-Unis, la Chine, la Russie, l'Inde, le Japon, etc. Ce projet doit mobiliser le vouloir-vivre national qui existe dans chaque nation en le subsumant dans un projet plus vaste. Le moyen, c'est la géométrie variable : il faut laisser à chaque peuple le choix de progresser à son rythme, en vertu d'un principe de différenciation qui est le seul compatible avec l'exercice de la souveraineté populaire, bref avec la démocratie. C'est évidemment une révolution que je propose dans la manière de construire l'Europe : faire confiance aux nations et cesser de les diaboliser, les laisser s'exprimer et par conséquent dialoguer entre elles. Ne serait-il pas temps de rendre aux nations l'initiative que la Commission européenne a confisquée ? Sous prétexte qu'elle avait été érigée, au départ, en « gardienne des traités », la Commission européenne a élaboré une législation fondée tout entière sur un credo purement libéral. Il doit y avoir place maintenant pour des politiques publiques dont l'inspiration viendra non des bureaucrates, mais des peuples. Ainsi le redressement du contenu social de la construction européenne ira de pair avec la démocratie restaurée, celle qui vit réellement dans chaque nation.

*Espace et puissance*

Il n'y a évidemment aucune raison de revenir sur l'existence d'un grand marché de 450 millions de consommateurs, même si on peut regretter qu'il ne soit en fait qu'une grande zone de libre-échange, sauf à restaurer un tarif ou une préférence extérieure vis-à-vis des concurrences déloyales.

L'extension de l'Europe vers l'Est n'a vraisemblablement pas atteint ses limites. Mais son élargissement doit entraîner un changement de nature : il faut rompre clairement avec l'embrouillamini institutionnel actuel et choisir consciemment le modèle de la confédération pour agréger – hé oui ! – la Russie à l'Europe. Rien ne serait plus absurde, en effet, que d'accueillir la Turquie, l'Ukraine, la Moldavie, voire la Géorgie, sans le faire pour la Russie. Celle-ci est profondément européenne par sa culture, son histoire et même sa géographie, qui concentre la plus grande partie de sa population à l'Ouest de l'Oural. Plutôt que de suivre l'OTAN, au risque de recréer de nouvelles frontières et d'encourager, en Russie, la tentation de l'État policier qu'on prétend vouloir combattre, il serait beaucoup plus intelligent de revenir à l'idée qui a été à la fois celle de De Gaulle (l'Europe, de l'Atlantique à l'Oural) et celle de Mitterrand (la Confédération européenne). Cette Confédération, ouverte à tous les pays démocratiques du continent, exercerait un effet stabilisateur bienfaisant. Le Conseil européen y jouerait un rôle d'impulsion. Fonctionnant selon le principe de l'unanimité corrigé par la géométrie variable, il aurait pour tâches la résolution pacifique des conflits et le développement de la coopération économique, énergétique et environnementale entre tous les pays membres.

Cette « Europe-espace » dont nous avons besoin peut être une zone de libre-échange. Elle fonctionnerait sur le principe de la « reconnaissance mutuelle » plutôt que sur celui de l'harmonisation : un produit pourrait ainsi circuler librement dès lors qu'il aurait été reconnu officiellement dans le pays d'origine, sauf exception justifiée – pour des raisons sanitaires, par exemple. Pour autant, cette Europe-espace ne sera jamais une « Europe-puissance ». La puissance, en effet, implique une volonté continue et légitime dont le principe ne peut résider que dans la volonté des peuples s'exprimant à travers la démocratie des nations.

### Éloge de la géométrie variable

L'acteur européen stratégique dont nous avons besoin dans le monde multipolaire du XXIe siècle ne peut pas être l'Europe actuelle à vingt-cinq ni celle de demain à trente ou trente-cinq, avec des compétences illimitées et des processus de décision inévitablement paralysants. Il ne peut résulter que de cercles de coopération beaucoup plus resserrés, non pas un « noyau dur fédéral » qui paraîtrait ressusciter d'anciennes exclusions, mais un ensemble de coopérations à la carte reposant sur le principe de la légitimité démocratique des nations, et donc sur le volontariat.

En misant sur la démocratie, on ne perdra rien. Une Europe en phase avec ses peuples sera aussi une Europe plus forte. Les organismes les plus évolués dans la nature sont aussi les plus différenciés : dépassant le stade du magma pluricellulaire, ils ont diversifié leurs fonctions – digestive, musculaire, etc., et, pour finir, cérébrale. Partons des réalités : les démocraties nationales sont les plus efficaces mais la délégation de compétences à un niveau supérieur est envisageable à deux conditions, une véritable valeur ajoutée et le maintien d'un contrôle démocratique effectif.

Le choix n'est donc pas entre un Super-État et le repli national : il y a une troisième voie qui répond au vœu profond des peuples européens ; ceux-ci veulent à la fois la coopération européenne et le respect de leur souveraineté. Chaque pays doit pouvoir refuser – dans des formes solennelles à définir : vote du Parlement ou référendum – de participer à une politique européenne déterminée. Mieux, plusieurs pays doivent pouvoir s'associer pour faire progresser, à géométrie variable, l'idée d'une Europe à la fois moins centralisée et plus politique. C'est ce que Paul Thibaud appelle une « Europe dialogique », une Europe où les nations dialoguent entre elles, par exemple à travers leurs parlements nationaux travaillant en réseaux. Ce serait plus souple, plus efficace et surtout plus démocratique !

Les nations sont les briques de base sur lesquelles peut se bâtir l'acteur européen stratégique dont nous avons besoin. Et cela est parfaitement possible, dès lors qu'il existe, entre la France et l'Allemagne d'abord, une volonté partagée.

*

Voici l'Europe « à la carte » que, dans l'intérêt de l'Europe même, à la faveur d'un grand choc, il faudrait mettre sur pied :

• La zone euro à douze a le mérite d'exister. Son architecture de politique économique et monétaire est en revanche à revoir de fond en comble.

• En politique étrangère, seule une étroite solidarité franco-allemande peut entraîner la Russie.

• Une défense européenne est aussi souhaitable pour que la paix sur notre continent relève des Européens eux-mêmes. Elle impliquera forcément le petit nombre de pays qui ont fait l'effort de se doter des moyens nécessaires (une demi-douzaine au maximum) mais qui entendent aussi faire surgir de ce côté-ci de l'Atlantique, ce que Tzvetan Todorov a appelé une « grande puissance pacifique ».

• En matière de recherche, la politique de la Commission ne peut remplacer la coopération entre les grands pays scientifiques (sans doute guère plus d'une demi-douzaine).

• De la même manière, la politique industrielle doit rester de la compétence des États, ce qui n'empêche nullement les coopérations technologiques européennes entre les pays avancés – bien au contraire : on le voit avec Airbus, Ariane ou Eurocopter.

Les zélotes du « oui » crieront à la dispersion, à l'éclatement, à la fin de l'Europe ! Tout au contraire : ces politiques à géométrie variable, orientées vers l'affirmation d'un acteur stratégique européen indépendant, puiseront leur force dans la légitimité démocratique des gouvernements qui en feront leur affaire. Et, au coeur de ces coopérations, n'est-il pas inévitable, et d'ailleurs éminemment souhaitable, que se retrouvent la France et l'Allemagne ? Ni l'une ni l'autre n'ont en Europe de véritable substitut à leur partenariat ! Elles partagent les mêmes vulnérabilités. Leurs intérêts géostratégiques sont complémentaires.

Nos chefs d'État et de gouvernement auraient pu faciliter, à l'intérieur d'une Europe aujourd'hui élargie à vingt-cinq, demain à vingt-sept et après-demain à trente-trois, les coopérations dites « renforcées ». Ils n'en ont rien fait. À force de vouloir les réglementer, ils les ont rendues impraticables. Il faut donc clairement poser le principe du volontariat. Pas besoin de Constitution pour cela. Et si ces coopérations ne peuvent pas se faire sur la base d'un traité comme celui de Nice, lui-même fort contraignant, qu'elles se fassent en dehors ! La caducité de ces dispositions excessivement rigides apparaîtra d'elle-même au fil du temps. Les traités européens sont beaucoup trop bavards. Il faut sans doute en prendre mais aussi en laisser. La désuétude progressive d'une grande partie de leurs dispositions est inévitable.



## REPRENONS LES CHOSES PAR ORDRE :

*La zone euro, premier cercle*

La zone euro à douze crée un bloc économique de trois cents millions d'habitants disposant de la même monnaie. Au cœur de la zone euro, il y a le noyau fondateur des six (France, Allemagne, Italie, Pays-Bas, Belgique, Luxembourg) qui représente à lui seul 75 % de l'ensemble, soit 225 millions d'habitants. S'y ajoutent l'Espagne (41 millions) et cinq pays : le Portugal, la Grèce, l'Autriche, la Finlande et l'Irlande, totalisant 35 millions d'habitants. Bref, la zone euro dispose d'un cœur puissant et, j'ajoute, relativement homogène. Certes, d'autres pays, généralement de petite taille et beaucoup moins développés, peuvent la rejoindre : ces « États membres faisant l'objet d'une dérogation » doivent cependant satisfaire aux fameux « critères de convergence » et s'astreindre, pour cela, à de sévères disciplines en matière de déficit public, d'endettement, d'inflation, de taux de change et d'intérêt. Est-il vraiment pour eux avantageux de converger avec l'« euro fort » que nous connaissons actuellement ? Pour ma part, je doute fortement que ce soit l'intérêt, même à moyen terme, de la Pologne, par exemple, qui est le plus grand de tous ces pays et que la Commission a rappelée à l'ordre, en mars 2004, pour son « déficit excessif ».

• Mettre un pilote dans l'avion

Le problème de l'euro, c'est qu'il est un avion sans pilote. Le manche à balai est bloqué vers le haut par le « pilote automatique » qu'on a jugé bon d'introduire dans les statuts de la Banque (un seul objectif : la lutte contre l'inflation). L'avion ne cesse ainsi de monter vers des altitudes asphyxiantes. Aucune volonté humaine ne semble capable de reprendre le manche pour ramener l'avion vers la terre. Plutôt que de figer les statuts dans le marbre d'une Constitution, mieux vaudrait en renégocier les dispositions pour mettre l'Europe à égalité avec ses principaux concurrents (États-Unis, Japon, Chine, etc. où la politique monétaire relève à la fois de la Banque et du gouvernement). Il n'y a pas besoin d'une « Constitution » pour créer un « groupe informel » (article 1 du protocole n° 12 sur l'Eurogroupe) composé des ministres des Finances des États membres. Ceux-ci peuvent élire un président pour la durée qui leur plaira. Le vrai problème de l'« Eurogroupe », tel que la « Constitution » le prévoit, est qu'il n'a aucune compétence précise. Ce n'est pas un « gouvernement économique ». Il n'a aucun pouvoir d'orientation et il ne peut en avoir, tant que n'auront pas été réformés radicalement les statuts de la Banque centrale européenne indépendante.

L'objectif de la croissance et du soutien à l'emploi doit être explicitement affirmé dans les statuts de la Banque centrale. Le Conseil européen ou un « gouvernement économique » digne de ce nom devraient pouvoir donner des orientations en matière de politique de change en fonction de cet objectif de croissance, ce qu'interdit dans la « Constitution » l'article III-326 qui ne vise expressément que la stabilité des prix. La politique monétaire et la politique de change doivent être des compétences partagées entre la Banque centrale et un véritable « gouvernement économique » de la zone euro. C'est dire que l'interdiction d'« influer » sur la Banque centrale (article 7 du protocole n° 4) doit tomber, au moins pour ce qui est du Conseil européen et du « gouvernement économique » de la zone euro.

Enfin, le directoire nommé par le Conseil européen, qu'il faudrait sans doute étoffer en nombre (il ne compte que six membres), devrait se voir confier les pouvoirs – essentiellement la définition d'une politique monétaire – attribués actuellement au « Conseil des gouverneurs », c'est-à-dire aux gouverneurs des banques centrales nationales (douze à ce jour). Une solution serait de confier aux États membres le soin de nommer directement leurs représentants : ce serait plus démocratique !

Un double dispositif – Banque centrale et « gouvernement économique » – assurerait ainsi la conduite de la politique monétaire et de change, comme cela se fait dans un pays démocratique normal. Quant aux pays dits « à dérogation », il serait normal qu'ils acceptent de fixer leurs taux de change réels vis-à-vis de l'euro à un niveau tel qu'il ne fournisse pas un avantage de compétitivité exorbitant… et, surtout, une prime à la délocalisation des industries ! Il y a un code de bonne conduire monétaire à instaurer entre les pays de la zone euro et les treize qui n'en font pas partie.

• Rendre possible une relance économique

Par ailleurs, le gouvernement économique de la zone euro devrait pouvoir impulser des politiques de relance fondées sur l'investissement public. À cette fin, il faudrait d'abord autoriser l'Union européenne à lancer des emprunts garantis par les États membres pour financer, par exemple, la réalisation de grandes infrastructures de transports (lignes dédiées à la grande vitesse ou au ferroutage, ports, aéroports), conformément à un plan approuvé par le « gouvernement économique ». Il faudrait ensuite et surtout autoriser la déduction de certaines dépenses d'investissement (recherche, par exemple) du montant des déficits publics plafonnés à 3 % du PIB. Ce serait une puissante incitation à combler le retard scientifique et technologique des pays européens sur les États-Unis et le Japon, et à mettre en œuvre des « stratégies coopératives ».

• Pas de concurrence fiscale !

Troisième question, celle de l'harmonisation fiscale. Elle a été posée à juste titre par Laurent Fabius : il s'agit d'empêcher le dumping fiscal et la course au « moins-disant fiscal », dont l'effet est inévitablement de paupériser l'État et de saper les politiques publiques. Laurent Fabius propose de mettre fin à la règle de l'unanimité en la matière. Il me semble que le vote à la majorité qualifiée est acceptable au sein du « gouvernement économique » de la zone euro. Celle-ci a déjà atteint – on l'a vu – une certaine homogénéité économique et politique. Ce serait le moyen de contourner le veto britannique. Voilà un domaine où il est possible de déléguer démocratiquement au « gouvernement économique » de la zone euro, une compétence qui est de toute évidence liée à l'exercice de ses autres attributions. L'Irlande et le Luxembourg, qui disposent maintenant du plus haut revenu par habitant dans l'Union européenne, devraient pouvoir être convaincus d'accepter cette discipline commune.

Quant aux pays de l'Europe centrale et orientale, Nicolas Sarkozy a proposé un code de bonne conduite : les aides régionales devraient être proportionnées à une certaine discipline fiscale. Il n'y a là rien de choquant : les pays qui, depuis le départ, sont membres de l'Union ont quand même le droit légitime de défendre leurs services publics ! Leur incombe le devoir de maintenir et même de promouvoir le modèle social auquel leurs peuples sont justement attachés.

• L'harmonisation sociale par le haut

L'Europe n'aura de sens que si elle protège les Européens des coups de boutoir d'une mondialisation sauvage dont les États-Unis peuvent bien être partisans parce qu'ils en maîtrisent les règles du jeu, mais dont les Européens n'ont pas à faire les frais. Quant aux « nouveaux entrants », ils doivent être convaincus que tout en faisant valoir leurs « avantages comparatifs » légitimes (essentiellement le niveau de leurs salaires), ils ne doivent pas brader mais, au contraire, développer leur protection sociale et la qualité de leurs services publics. L'élargissement sans règles ne peut que signifier le triomphe du « modèle anglo-saxon » sur le « modèle rhénan ». Refonder l'Europe dans la démocratie des nations ne signifie nullement ouvrir les vannes d'un libéralisme débridé.

Il appartient au contraire aux nations les plus avancées de défendre et de promouvoir leur modèle social aussi bien sur le plan européen que sur le plan mondial. C'est une conception dévoyée de l'« internationalisme » que de vouloir opposer les classes ouvrières des pays les plus pauvres à celles des pays avancés. Cette hypocrisie fait le jeu des multinationales. L'objectif doit être au contraire de permettre aux travailleurs des pays en voie de développement d'accéder à des conditions de travail, de protection sociale et de vie décentes. Il serait temps, pour cela, d'introduire une « clause sociale » à l'OMC, subordonnant l'ouverture des marchés au respect de règles élémentaires (liberté syndicale, droit de grève, journée de huit heures, congés payés, salaire minimum). J'attends qu'on m'explique en quoi l'introduction de ces règles serait un attentat contre l'humanité. Ce serait sans doute une petite pierre jetée dans le jardin des multinationales, mais les travailleurs chinois ou indiens en seraient les premiers bénéficiaires !

De même, au niveau européen, il n'y a aucune raison de favoriser la concurrence fiscale et de généraliser le « modèle irlandais » (l'Estonie a ainsi réduit à zéro son impôt sur les sociétés !). On peut bien sûr fixer des « fourchettes » et admettre des régimes sociaux différenciés ; il serait dépourvu de sens de vouloir imposer aux vingt-cinq un SMIC européen identique ! Mais on peut imaginer des « critères de convergence sociale » pour la zone euro dès lors que le « gouvernement économique » de ladite zone maîtriserait la politique de change qui est la vraie forme de protection aujourd'hui pratiquée entre pays développés.

Faut-il, pour autant, exclure des formes de préférence communautaire, comme les taxes temporaires dont les États-Unis grèvent leurs importations dès lors qu'ils estiment avoir affaire à une concurrence déloyale ? Ces dispositifs doivent être maniés à bon escient, mais leur seule existence doit permettre d'enrayer les déséquilibres excessifs. L'Europe doit cesser d'apparaître comme un grand marché, « ventre mou » offert à tous les coups.

Au lieu de se faire par le bas, l'alignement en matière sociale se ferait ainsi par le haut : ce serait une vraie révolution, capable de redonner son sens à l'idée de progrès dans nos sociétés déboussolées ! Fallait-il que nos socialistes français se soient sentis « petits garçons » pour se faire imposer, à travers le traité de Maastricht, tous les critères de l'orthodoxie libérale sans introduire un seul critère social ! Ils se sont contentés de « chartes sociales » successives et également verbeuses, comme, dans la « Constitution », la « clause sociale transversale » qui n'engage à rien, puisque aucun de ces textes, celui-ci pas plus que les précédents, ne comporte de mesure d'application pratique.

Sans doute Laurent Fabius justifie-t-il son « oui à Maastricht », en 1992, par la création d'une monnaie unique. Celle-ci fut cher payée. Mais admettons ce dernier « détour », pour parler comme Jean Monnet. Cette monnaie existe avec ses avantages (pas de dévaluation compétitive à l'intérieur de la zone euro) et ses inconvénients (à l'extérieur, une dévaluation massive du dollar, à l'intérieur, des tensions croissantes qu'illustre le différentiel d'inflation et par conséquent des taux d'intérêt réels entre les différents pays). Depuis six ans que l'euro a cours sur les marchés monétaires, il serait temps de donner à la zone euro un contenu social ! C'est le mérite de Laurent Fabius de l'avoir dit et d'avoir joint le geste à la parole en franchissant le Rubicon du « non ». Car qui peut prendre au sérieux la politique sociale définie par la Constitution : « Une loi-cadre européenne... pour améliorer les connaissances, développer les échanges d'informations, promouvoir des approches novatrices, évaluer les expériences, à l'exclusion de toute harmonisation des dispositions législatives et réglementaires des États membres » (article III-210, alinéa 2) ? Et en plus le Conseil devrait statuer à l'unanimité !

*Des coopérations industrielles, technologiques et scientifiques à la carte*

En dernier lieu, il faudrait relativiser le sacro-saint principe de la « concurrence libre et non faussée » pour introduire dans les textes européens la reconnaissance des politiques publiques, notamment en matière industrielle. Ce serait la meilleure manière de désarmer la Commission européenne qui, au nom de la concurrence, sape toute politique industrielle. Celle-ci est de la compétence des États. Elle doit le rester. C'est à ceux-ci qu'il incombe de favoriser les rapprochements industriels entre les grands groupes européens et, surtout, de promouvoir leur présence dans des domaines qui commandent l'avenir – énergies du futur, biotechnologies, nanotechnologies et technologies de l'information – où l'Europe s'est laissée distancer. Là encore, laissons-nous guider par l'expérience : toutes les réussites européennes sont le fait de coopérations qui se sont nouées en dehors du cadre communautaire : Airbus, Ariane, Eurocopter. Je défie quiconque de me citer un seul exemple en sens contraire. Même les grands équipements scientifiques sont le plus souvent le fait de coopérations à géométrie variable, associant même des pays extracommunautaires comme la Suisse (pour le CERN à Genève, par exemple).

Sans doute peut-il y avoir en matière de recherche (notamment fondamentale) des impulsions communautaires positives, mais l'expérience, là encore, montre à quels gaspillages peut conduire le poids de procédures combinant les critères politiques, géographiques, voire idéologiques (principe du « juste retour », association de pays ou d'entreprises choisis en dehors de tout critère réellement scientifique, orientation prioritaire vers des thèmes portés par l'air du temps et inspirés par un « principe de précaution », scientifiquement informulable). L'erreur serait de croire que l'Europe rattrapera son retard scientifique et technologique croissant sur les États-Unis par une augmentation massive de la part du budget européen consacrée à la recherche. La solution est dans la déductibilité des dépenses de recherche du montant des déficits publics autorisés et dans la promotion de coopérations scientifiques et technologiques à géométrie variable, débouchant (ou non) sur la création de groupes européens industriels compétitifs à l'échelle mondiale. Il faut retrouver une ambition scientifique et technologique !

S'agissant de la recherche fondamentale, l'idée d'un Fonds européen de la Recherche est séduisante, à une condition : que le choix des projets et l'octroi des crédits soient validés par des experts sélectionnés non sur des critères politiques, mais sur des critères exclusivement scientifiques.

*Services publics : la clause dérogatoire*

C'est une étrange idée d'avoir voulu « libéraliser » les services publics qui, par définition, doivent échapper à la concurrence pour pouvoir remplir leur mission essentielle : favoriser un égal accès de tous les citoyens à des biens considérés comme « publics ». L'Union européenne prétend aujourd'hui vouloir reconstruire d'une main (par une « loi cadre » sur les « services économiques d'intérêt général ») ce qu'elle a défait et continue de défaire consciencieusement de l'autre main en n'ayant de cesse de vouloir « ouvrir à la concurrence » les services publics. Il serait plus raisonnable de reconnaître dans les textes européens le droit laissé à chaque pays d'organiser comme il l'entend ses services publics dans les domaines qu'il considère comme fondamentaux (desserte des zones rurales et peu peuplées, prix modérés de l'électricité, etc.) en confiant ces missions à des entreprises publiques s'il le souhaite. Quel avantage pratique le consommateur français retire-t-il de pouvoir souscrire un abonnement électrique à Electrabel plutôt qu'à EDF en vertu des décisions prises au sommet de Barcelone en mars 2002 ? Ce qu'il constate dans la réalité, c'est l'augmentation de sa facture d'électricité, conséquence de l'obligation faite à EDF, après son changement de statut, de provisionner à hauteur de 10 milliards d'euros le financement des retraites de ses agents.

Ces décisions ont échappé au Parlement qui n'a eu à en connaître que par le biais de lois ou d'ordonnances visant à adapter les directives européennes. C'est cette mécanique qu'il faut enrayer en reconnaissant en matière d'organisation du service public des possibilités de dérogations (ce que les Britanniques, les Irlandais et les Danois appellent des clauses d'*opting out*). Oui, nous pourrions opter de « rester en dehors » de règles qui ne correspondent ni à nos traditions ni à l'intérêt bien compris des usagers. La belle affaire ! Où serait l'atteinte à la concurrence ? Chaque pays a ses spécificités, qui se traduisent dans sa fiscalité, son système de prix, etc. Pourquoi ne pourrait-il pas y avoir en Europe une concurrence des modèles sociaux ? C'est cette fureur normalisatrice à laquelle il faut donner un coup d'arrêt. Le moins qu'on puisse dire c'est que nos dirigeants, jusqu'à présent, ne nous ont pas beaucoup laissé le choix. Le référendum offre à cet égard un « créneau » inespéré.

Hubert Védrine a bien vu le danger : « Rendons l'Europe rassurante et appropriable, car si le fossé élites/population n'est pas comblé, le malaise s'aggravera, et c'est toute la construction qui se délitera… l'Europe devrait se concentrer sur le grand enjeu extérieur (forger une "Europe-puissance" tranquille) et laisser plus, à l'intérieur, les peuples respirer[1]. » L'occasion de « respirer » approche…

*Une grande puissance pacifique*

Hubert Védrine a nommé le vrai défi : le grand enjeu extérieur, ce que j'ai appelé la construction d'un acteur européen stratégique, y compris dans le domaine de la diplomatie et de la défense. Pour cela, il n'y a pas besoin de traité, et encore moins de « Constitution ». Avec l'Allemagne, nous avons, depuis quarante et un ans, le traité de l'Élysée. Comment le faire marcher ? Le rapprochement franco-allemand de 2002-2003 a été une réaction à l'unilatéralisme américain et à l'invasion de l'Irak. Qui peut croire aujourd'hui que MM. Bush, Cheney, Rumsfeld et Mme Condolezza Rice ont réellement modifié leurs façons de voir ? La seule manière de peser sur l'hyperpuissance américaine, c'est d'inscrire dans la durée le rapprochement de la France, de l'Allemagne et de la Russie. Là est l'axe de la paix non seulement en Europe, mais dans le monde.

Si nous voulons construire une « Europe-puissance », ce ne peut être que sur la base d'une volonté pacifique. Contradiction ? Je ne le crois pas, car je ne confonds pas « pacifique » et « pacifiste ». L'Europe peut vouloir la paix et ne pas

---

1. Hubert Védrine, « Pour un nouvel euroréalisme », *Le Monde*, 9 septembre 2004.

renoncer aux moyens de peser sur le plan militaire. Pour cela, elle n'a pas besoin de dépenser 400 milliards de dollars par an, comme les États-Unis.

La défense, en effet, est faite pour servir la diplomatie. Or, l'Europe n'a pas et ne doit pas avoir la même diplomatie que les États-Unis. Elle n'aspire pas et ne peut aspirer à dominer l'univers. Ce qu'ensemble l'Allemagne et la France dépensent pour leur défense (environ 70 milliards de dollars) est évidemment incomparable avec le budget militaire américain, mais nos objectifs sont beaucoup plus modestes, et d'ailleurs plus raisonnables. Nous savons que l'hégémonie américaine actuelle se heurtera de plus en plus à la montée des puissances de l'Asie. Les jours de l'hyperpuissance sont comptés : une génération (vingt-cinq ans) peut-être, mais qu'est-ce qu'une génération au regard de l'Histoire ?

Après le krach de Wall Street, l'hyperpuissance américaine s'est lancée, sous l'impulsion de George Bush, dans une politique d'endettement sans mesure à l'intérieur comme à l'extérieur. Le déficit du budget fédéral dépasse les 400 milliards de dollars et le déficit commercial les 600, malgré l'affaiblissement continu du dollar. La dette extérieure représente aujourd'hui une pyramide colossale, près de 80 % du produit intérieur brut des États-Unis.

Cet endettement extérieur massif pourrait devenir le talon d'Achille des États-Unis. Ceux-ci, pour maintenir le dollar comme monnaie mondiale, se sont lancés, par une fuite en avant accélérée, dans la monopolisation de la puissance à l'échelle mondiale : il faut à tout prix, comme l'avait révélé par inadvertance en 1992 le rapport Wolfowitz (actuel numéro deux du Pentagone), qu'aucun rival dans le monde ne puisse surgir à un avenir prévisible, que ce soit en Europe ou en Asie. Le contrôle des pétroles du Moyen-Orient (les deux tiers des réserves mondiales) est à cet égard décisif. Qui tient le pétrole tient l'équilibre financier du monde. L'invasion de l'Irak trouve là sa véritable explication, mais l'occupation de ce pays est une autre affaire…

L'armée américaine, en effet, a été conçue et dimensionnée pour la projection et la bataille, nullement pour l'occupation prolongée d'un pays hostile. À moins de rétablir le service militaire chez eux, les États-Unis sont tributaires, en Irak, de supplétifs peu fiables. Le second talon d'Achille de la puissance américaine est là, dans l'enlisement de leur puissance dans la profondeur du monde musulman. C'est pour cela qu'ils ont besoin de l'Europe.

L'ambition de l'Europe ne peut être la domination, mais seulement la paix et, par conséquent, l'indépendance, l'aptitude à défendre notre modèle de société et notre rôle de facteur de dialogue et d'équilibre à l'échelle mondiale. Nos capacités militaires doivent être essentiellement dissuasives (en matière classique comme en matière nucléaire). Elles incluent naturellement une dimension de protection de notre territoire et de nos populations. Mais, face aux guerres « asymétriques » de l'avenir, la réponse est moins dans le creusement de l'écart technologique (nous disposons déjà d'armes terrifiantes) que dans le renforcement de la cohésion de nos sociétés. La « Constitution européenne », immensément bavarde, n'a évidemment pas omis la menace terroriste, mais le terrorisme se combat plus efficacement par la police et par le renseignement (notamment humain) que par l'envoi de corps expéditionnaires que la « Constitution européenne » prévoit explicitement (« soutien apporté à des pays tiers pour combattre le terrorisme sur leur territoire », article III-309). L'Europe a sans doute besoin d'entretenir des forces de projection pour stabiliser le continent ou ses approches et remplir les missions de maintien de la paix que l'ONU, avec notre accord, définira. Mais l'erreur serait de faire de la « projection à longue distance » la tâche principale de nos armées : dans le monde tel qu'il est, ce serait se plier d'avance aux tâches supplétives que souhaite confier l'hyperpuissance à ses « alliés ». C'est ce qu'ont accepté de faire, en Irak, Britanniques, Italiens et Polonais. La « Constitution européenne » nous met incontestablement sur cette ligne de pente. Or, une défense européenne commune n'a de sens que par rapport à un concept de défense proprement « européen ». Nous pèserons plus sur les États-Unis par notre capacité d'influence politique à travers le monde que par la mise à leur disposition d'unités militaires cantonnées à un rôle d'appoint.

Le principal but de notre défense est donc de tenir en respect des agresseurs potentiels. Telle n'est pas la politique américaine (les tours du World Trade Center n'ont pas été détruites par les Irakiens). C'est pourquoi un acteur européen stratégique consacrera plus d'énergie à la dimension du Sud, en particulier au développement des pays méditerranéens, africains et latino-américains, qu'à la volonté de rivaliser avec la puissance américaine dans toutes les technologies militaires liées à la « projection de forces » à longue distance. Laissons aux États-Unis « la révolution dans les affaires militaires ». Sous réserve des responsabilités qui sont les nôtres et que nous devons être capables d'assumer, nous avons d'autres révolutions à faire.


LES NATIONS EUROPÉENNES
DOIVENT REPRENDRE CONFIANCE
DANS LEUR DESTIN HISTORIQUE

La France est aujourd'hui le seul pays qui, en Europe, ait la volonté explicite de faire surgir une puissance qui puisse compter dans le nouveau siècle. L'Allemagne en éprouve sans doute la tentation, mais il lui reste, comme à beaucoup d'autres Européens, encore bien des réticences à vaincre, nourries par le pacifisme, l'atlantisme ou tout simplement un désir de sortir de l'Histoire plus ou moins maquillé d'hédonisme. L'instinct de l'Europe vieillissante la prédispose au rêve de devenir une « grande Suisse ». Il n'est pas impossible de surmonter ces réticences, si nous savons combattre le pacifisme avec les armes de la paix, l'atlantisme ou plutôt l'inféodation avec celles de la dignité, le désir de sortir de l'Histoire avec celles de la confiance faite à notre jeunesse, qui est l'avenir.

*Redresser notre démographie*

L'Europe connaît un redoutable problème démographique. Elle n'en a pas pris la mesure. Le sentiment de la solidarité des générations y est gravement défaillant. Nous n'y remédierons qu'en permettant au « désir d'enfant », très supérieur au taux de fécondité dans tous les pays européens, de se concrétiser. Il faudrait pour cela aider les femmes à concilier ce désir avec les exigences d'une vie professionnelle réussie, et sans doute aussi sortir l'Europe du marasme économique où elle se traîne, tant l'observation montre une forte corrélation entre croissance économique et relèvement du taux de natalité.

Mais n'y a-t-il pas, là aussi, quelque chose qui appartient au ressort de l'intime : la volonté de se perpétuer qui impliquerait que nos vieilles nations retrouvent l'estime d'elles-mêmes et cessent de se complaire dans la délectation morose d'une repentance systématique ? Le taux de reproduction en Allemagne (1,3 enfant par femme), notablement inférieur au taux français (1,9), est loin de celui qui permettrait le simple renouvellement des générations (2,1).

Quel électrochoc peut provoquer ce réveil ? Ces considérations ne m'éloignent pas de mon sujet : comment faire émerger un acteur européen stratégique dans notre siècle ? Combien de temps nous faudra-t-il ? La Russie va encore plus mal que l'Allemagne : sa population diminue ; elle est à peine supérieure à 140 millions d'habitants et si la tendance actuelle se poursuit, elle pourrait tangenter les 100 millions d'ici 2050. L'Espagne et l'Italie ne vont pas mieux. Pour toutes les nations d'Europe, un électrochoc est nécessaire. Il ne se produira que si elles reprennent confiance dans leur destin historique.

*Revenir dans l'Histoire*

Il est sûr que le rapprochement de la France, de l'Allemagne et de la Russie – ce qu'en 2003 on a appelé le « camp de la paix » – serait de nature à vertébrer une volonté d'indépendance européenne. Ensemble nous avons repris goût à l'Histoire. Ce n'était qu'un début. S'il est clair que dans une Europe à vingt-cinq ou à trente la France risque d'être minoritaire sur tous les sujets essentiels, une « coopération diplomatique et militaire » entre les trois pays : France, Allemagne, Russie (étendue, si elles décidaient de s'y joindre, à l'Espagne, peut-être à l'Italie voire à la Pologne) permettrait de rééquilibrer les relations entre les deux rives de l'Atlantique. Sans doute cette coopération ne se formalisera-t-elle que difficilement, mais elle peut s'établir de manière pragmatique : la France et le couple franco-allemand ont à cet égard un rôle majeur à jouer. Paris et Berlin savent que le chemin de l'indépendance passe par Moscou. Chloroformées par le système, les opinions publiques l'ignorent, mais est-ce une raison de se décourager ?

Les idées mènent le monde, même si elles le mènent lentement. D'immenses forces jouent dans l'univers : l'équilibre des puissances se renverse insensiblement au profit des nations-continents de l'Asie, et le jour approche où l'Amérique finira par s'apercevoir que, pour elle aussi, une Europe forte vaut mieux qu'une Europe faible. Encore faudrait-il que se forge, de ce côté-ci de l'Océan, une volonté politique !

La plupart des nations européennes, encore écrasées par le souvenir des deux guerres mondiales, par l'horreur du génocide hitlérien et par l'effondrement du communisme, aspirent confusément à « sortir de l'Histoire ». C'est un réflexe humain. L'hyperindividualisme libéral traduit aussi à sa manière cette aspiration. Le rêve des Européens de réaliser une « grande Suisse » suscite les railleries de l'intellectuel néo-conservateur américain Robert Kagan qui les qualifie d'« habitants de Vénus » par rapport aux Américains, « habitants de Mars ».

On ne peut faire surgir en Europe un « acteur européen stratégique » sans l'Allemagne, pour des raisons qui tiennent à son poids démographique, à sa puissance industrielle et commerciale et à sa position géographique, au centre de notre continent.

Mais on ne pourra pas le faire non plus sans la France et sans la volonté française. C'est en France, en effet, que vit le rêve de ce qu'on appelle une « Europe-puissance », et nulle part ailleurs. Je n'aime pas trop cette expression, parce qu'elle part souvent de l'idée implicite qu'une Europe à vingt-cinq ou à trente pourrait être une « Europe puissance », alors qu'elle ne peut être qu'une zone de libre-échange. Je préfère parler d'un « acteur européen stratégique à l'échelle mondiale », associant les pays qui le veulent, dans un dessein d'autonomie européenne, et seulement ceux-là. C'est plus démocratique, et surtout plus efficace.

*La France, levain d'une Europe indépendante*

Je ne m'illusionne pas sur la difficulté de la tâche : cela suppose que la France veuille continuer d'exister. Sur elle aussi s'exerce la tentation de « sortir de l'Histoire ». Après un XX<sup>e</sup> siècle catastrophique, des campagnes de repentance à répétition lui font perdre à la fois une vue claire de sa propre histoire, avec ses ombres et ses lumières, et la raisonnable estime de soi qu'un peuple doit conserver pour pouvoir construire son avenir.

Je pense aux générations nouvelles qui ont été éduquées dans l'oubli de ce qu'est la nation comme cadre de démocratie et de solidarité et comme patrimoine historique irremplaçable, réservoir de valeurs, d'exemples (et aussi de contre-exemples !), inépuisable sujet de méditation sur ce qui relie les citoyens entre eux et, au-delà, les générations successives.

L'enseignement de l'Histoire nationale néglige les sacrifices disproportionnés consentis par la France de 1914 à 1918, son complet isolement en 1940. L'héroïsme de la Résistance est désormais occulté par Vichy, comme si Pétain avait été la France, insulte aux milliers de fusillés qui sont morts en criant justement : « Vive la France ! » Le souvenir des horreurs de la colonisation et de la torture relègue à l'arrière-plan l'œuvre féconde qui a rassemblé tant de peuples divers qu'unissent aujourd'hui les liens de la francophonie, et la présence sur notre sol de millions de concitoyens venus d'outre-Méditerranée. Un Michelet manque cruellement à la France, en ce début de XXI$^e$ siècle, pour donner sens à notre histoire contemporaine et refonder un patriotisme moderne.

Pourtant, les générations qui montent ont et auront besoin de la France pour se défendre et se faire respecter dans un monde cruel dont l'Histoire, bien sûr, va continuer. Elles en auront besoin pour se tenir droites et porter plus loin l'idée d'une Humanité fraternelle. Dans la perspective d'un monde multipolaire, l'Europe, pour s'organiser, aura besoin de la France.

Je suis persuadé que cette flamme, même aujourd'hui vacillante, ne se perdra pas. Alors j'espère, j'ai confiance en la France pour être le levain de l'Europe indépendante dont nous avons besoin. Articuler la France et l'Europe, voilà la tâche immense qui est devant nous. Les « consensus mous » n'y suffiront pas. L'acteur européen stratégique du XXI$^e$ siècle se nourrira des patriotismes nationaux et de l'universalisme républicain. On ne fera pas l'économie des contradictions. Et il faudra compter sur la surrection de la vie !

CONCLUSION

# *Le souffle de la démocratie*

Enfermé dans le système du « pareil au même », notre pays glisse sur les rails où il a été placé par la conjonction d'une droite libérale qui a triomphé du gaullisme et d'un Parti socialiste progressivement rallié au libéralisme. Le traité de Maastricht n'a été ratifié que de justesse en 1992, mais aucune des alternances provoquées en 1993, 1995, 1997 ou 2002, n'a permis de redresser le cours imperturbable d'une politique procédant des mêmes postulats et enfermée dans les mêmes contraintes.

Cette absence d'alternative véritable a provoqué un rejet profond du système politique par les couches populaires. La volatilité de cet électorat peut s'exprimer de diverses manières : abstention, vote aux extrêmes, rejet du parti au pouvoir. Cette désaffection est sans conteste au cœur de la crise de la démocratie et du sentiment de déclin qui hante le pays. Il n'est pas possible d'y répondre autrement que par une profonde restructuration de l'offre politique. Michel Rocard confirme involontairement mon diagnostic : « La carte de Maastricht de 1992 reste valable, qui montre cette coupure entre une France moderne, jeune et dynamique, celle du "oui" et une France en difficulté, celle du "non"[1]. » Il ne lui vient pas à l'esprit que de véritables « socialistes » devraient être aux côtés des Français « en difficulté », et ne sauraient en tout cas s'accommoder d'une telle coupure. Jaurès peut se retourner dans sa tombe !

Fatigué des alternances sans alternative, le pays peut donc trouver dans le référendum sur la « Constitution » l'occasion de redistribuer les cartes et d'initier une profonde réorientation de la politique française et européenne.

*

Peu de semaines nous séparent encore du 29 mai, date choisie pour le référendum. Le Parlement s'est couché, comme on pouvait le prévoir, en acceptant une modification de la Constitution française qui la rend illisible pour tous ceux qui ne connaîtront pas les 448 articles de la « Constitution européenne ».

Le nombre de parlementaires qui se sont abstenus montre cependant qu'il s'agit, pour beaucoup d'entre eux, d'un vote contraint. Les

----

1. Michel Rocard, *Journal du Dimanche*, 13 février 2005.

tenants du « oui » manquent d'enthousiasme. Ils savent que l'élargissement n'a pas été convenablement négocié et que l'Europe glisse sur une pente fatale : elle s'étend parce qu'elle ne peut faire autrement. Les « fédéralistes » voient leur « grand dessein » leur filer entre les doigts. Certes, la rhétorique y est, mais qui peut croire à l'avenir d'un « peuple européen » qui, depuis cinquante ans que l'Allemagne et la France ont conjugué leurs efforts, n'a pas acquis l'ombre d'une existence ? De part et d'autre du Rhin, certes en bonne entente, vivent toujours des Français et des Allemands. Et comment progresser dans la voie d'une Fédération dans une Europe à vingt-cinq ou à trente ?

Bref, les propagandistes du « oui » n'ont pas le moral. Ils se réfugient dans l'incantation. Leurs arguments tiennent du poncif : « L'Europe contre la guerre. » Ils ne s'avisent pas que les menaces de guerre ne viennent pas d'Europe aujourd'hui et que la « Constitution » qu'ils nous proposent pourrait bien se révéler comme le plus court chemin pour nous y conduire, à la remorque du char américain. Les propagandistes du « oui » ont d'autant moins le moral que toute explication du texte ne peut tourner qu'à leur confusion. Ainsi M. Raffarin assure sans rire que « la Constitution consacre la spécificité des "services publics à la française" et qu'"[avec la création de l'eurogroupe], nous pourrons faire de l'Europe un territoire économiquement plus attractif... ce qui est la meilleure réponse aux délocalisations[1] ». Ils font campagne mais ne veulent surtout pas de débat. Alors ils diffusent aux frais du contribuable, par le biais de l'Union européenne ou du ministère des Affaires étrangères, des brochures censées résumer la « Constitution ». Elles décrivent une Europe idyllique, « une Union politique… à la fois plus efficace et plus démocratique », gommant toutes les difficultés, effaçant toutes les aspérités, occultant toutes les règles de fer d'un libéralisme constitutionnalisé. Le ministère des Affaires étrangères finance dans les Universités un programme intitulé « Amphis d'Europe » « pour faire vivre le traité ». Pour ceux qui n'auraient pas compris, il met à disposition un numéro d'appel : on devine qui répondra au téléphone. Il y a là un clair détournement des fonds publics. Les partisans du « oui » veulent nous faire voter sur l'Europe, et nullement sur la « Constitution ». Ainsi l'UMP a choisi pour slogan de campagne : « L'Europe mérite un oui. » Pas un mot sur le corset de disciplines de ce que j'ai appelé la « pépite libérale ». Ils nous trompent effrontément sur la marchandise. C'est pour cela qu'ils ont décidé d'aller vite. Ils comptent l'emporter à l'esbroufe. Mettre encore une fois les citoyens devant le « fait accompli ». En confisquant le temps de parole et, au besoin, en dénonçant et en couvrant d'anathèmes tous ceux qui oseront leur porter la contradiction sur le fond.

---

1. Jean-Pierre Raffarin, *Le Monde*, 5 mars 2005.

Les propagandistes du « oui » ont pour eux d'immenses moyens. Ils disposent à leur guise de l'État. Leur sont acquis les grands partis, UMP et PS, qui, appuyés sur le mode de scrutin majoritaire, ont fini par confisquer l'expression parlementaire, l'essentiel des financements publics et des temps d'antenne, alors que leurs deux candidats à la dernière élection présidentielle n'ont péniblement réuni que 35 % des suffrages exprimés, soit moins du quart des inscrits ! Le Parti socialiste vole au secours du Président Chirac : il avance sa campagne d'affichage grand format et la tenue de ses meetings au moment où le Président avance en mai un référendum prévu en juin et même, initialement, dans le second semestre 2005. À en croire Henri Emmanuelli, à trois mois du référendum, c'est une véritable « lune de miel » qui s'est établie entre le gouvernement et le Parti socialiste. Celui-ci, selon Laurent Fabius, pratique une « opposition en caoutchouc » : il faut surtout éviter que le mécontentement du pays vienne alimenter le « non ». Mais, surtout, les propagandistes du « oui » peuvent s'appuyer sur la quasi-totalité des grands médias de masse, presse écrite et presse télévisée confondues. En leur sein, des militants d'élite – dont je ne saurais citer que la fine fleur : les Bernard Guetta, Alain Duhamel, Christine Ockrent, etc. – monopolisent le commentaire et renvoient la balle aux hommes politiques : les partisans du « non » sont favorables à « quelque chose de plus dirigiste que la Chine communiste » selon Alain Duhamel, ce qui ne les empêche pas de « faire le jeu de ce capitalisme qui est si puissant aux États-Unis » (Dominique Strauss-Kahn). Pour Alain Minc, « ces individus se promènent à côté d'un bidon d'essence avec des allumettes à la main ». Pour Pierre Moscovici, ils seraient les « docteurs Folamour d'un choc nucléaire suivi d'un hiver où l'herbe ne repousse pas tout de suite[1] ». Ces grands prêtres du culte d'une Europe se substituant aux nations ont appris de l'Église que la peur de l'Enfer était le plus sûr chemin vers la vertu qu'ils entendent imposer.

*

L'utilisation de la peur montre que les propagandistes du « oui », disposant d'un tel déluge de moyens, ne regardent pourtant pas vers l'avenir avec sérénité. Car la base regimbe. À gauche comme à droite. Comme l'écrit Michel Noblecourt : « Le cauchemar de Bernard Thibault est devenu réalité : le secrétaire général de la CGT a été mis en minorité par son "parlement" jeudi 3 février, dans le débat sur la "Constitution européenne". Le verdict est net et sans appel : c'est à une majorité de 70 %, bien supérieure aux 59 % de "oui" obtenus par François Hollande

______

1. Serge Halimi, *Le Monde diplomatique*, février 2005, p. 8.

dans son référendum interne au parti socialiste, que le Comité confédéral national de la CGT s'est prononcé pour le rejet du traité constitutionnel, tout en appelant tous les salariés à participer au référendum[1]. » La CGT-FO et le principal syndicat enseignant, le FSU, appellent à voter « non ».

À gauche, François Hollande paraît de plus en plus isolé ; 42 % des militants socialistes se sont prononcés pour le « non » et s'y tiennent. Il n'a pour allié, dans le monde syndical, que François Chérèque. Chez les Verts, Daniel Cohn-Bendit et Dominique Voynet ne font pas l'unanimité : consultés par référendum interne, moins de 2 500 adhérents des Verts – à peine le quart des effectifs encartés – se sont prononcés pour le « oui ». Chez lez radicaux de gauche, la figure la plus emblématique, Émile Zuccarelli, a pris position pour le « non ».

François Hollande aura beaucoup de peine à argumenter son « oui » : comment faire comprendre qu'en approuvant les 448 articles de la « Constitution européenne », on peut encore nourrir un projet différent de celui de la droite ? Les dirigeants du PS veulent faire croire qu'avec un dollar dévalué de 60 % et une croissance atone dans la zone euro, ils ne subiraient pas, eux aussi, les contraintes européennes qu'ils ont eux-mêmes acceptées à Amsterdam et à Barcelone, comme

---

1. « Le double échec de Bernard Thibault », *Le Monde* du 5 février 2005.

s'ils ne devraient pas eux aussi colmater les déficits et essuyer les plâtres d'un euro trop fort : accélération des délocalisations, multiplication des plans sociaux, austérité budgétaire, tout comme le Chancelier Schröder dont l'Agenda 2010 ne permet pas d'enrayer un chômage qui, en Allemagne, atteint 5,2 millions de chômeurs. L'Allemagne souffre des mêmes maux que la France (délocalisations) et des mêmes règles européennes absurdes (euro fort, pacte de stabilité étouffant, etc.). Quand les postulats de départ sont identiques, comment élaborer un projet réellement original, à défaut d'être « socialiste » ?

Le monde du travail dans toutes ses composantes – ouvriers, employés, techniciens, cadres –, est frappé par les délocalisations. Le pouvoir d'achat des salariés est rogné par l'inflation. De 2000 à 2004, la hausse des prix, selon l'INSEE, a atteint 12 %. Cette inflation (près de 3 % par an), supérieure aux évaluations des lois de finances (1,8 %), s'explique aisément : l'introduction de l'euro a brouillé les repères et ainsi permis la valse des étiquettes, comme toujours au détriment des plus pauvres. Le nombre des paysans diminue à une vitesse accélérée. La politique agricole commune risque de n'être bientôt plus qu'un souvenir. Les services publics sont clairement et directement menacés. L'École de la République ne peut survivre à la République elle-même.

Sans doute l'extrême droite et une partie de la droite mèneront-elles campagne contre l'adhésion de la Turquie. Celle-ci n'est pas l'objet du référendum. Mais Nicolas Sarkozy et François Bayrou font entendre en contrepoint la même musique, espérant ainsi faire oublier leur approbation de la « Constitution européenne ». Je ne suis pas sûr que les électeurs s'y retrouvent.

*

Inquiets, les états-majors ont, de concert, approuvé l'avancement de la date du scrutin. Les socialistes battent le rappel des dirigeants sociaux-démocrates étrangers : M. Prodi, l'ex-président de la Commission, M. Zapatero, qui figure obligeamment, à huit jours d'intervalle, aux côtés de Jacques Chirac et de François Hollande, M. Rasmussen, président du PSE, et autres ténors, comme si ces leaders avaient été élus pour défendre les intérêts de la France et comme s'ils ne défendaient pas d'abord, dans les institutions européennes, les intérêts de leur propre pays. Le référendum en Espagne était censé créer une dynamique en faveur du « oui », mais le taux d'abstention – près de 60 % – n'a montré nul enthousiasme. Aussi bien les Espagnols auraient eu mauvaise grâce à dire « non » à une Europe qui, depuis leur adhésion, leur a apporté près de 100 milliards d'euros au titre des « fonds de cohésion », soit l'équivalent de deux à trois points de PIB par an ! C'était d'ailleurs l'argument en faveur du « oui » développé par M. Zapatero à la télévision espagnole : sur dix kilomètres d'autoroute en Espagne, six ont été financés par l'Europe. La France, contributeur net, ne peut en dire autant. Il y a quelque chose d'indécent dans la mobilisation des dirigeants qui sont tous pour le « oui » dans des pays où il n'y a eu nul débat, comme ce fut le cas en Espagne où le vote s'est borné à être un « agrégat de volontés disparates[1] » : une nouvelle rupture du pacte démocratique, qui ne va pas sans l'égalité des moyens d'expression. Nous en sommes loin. J'ai demandé au Président de la République une égalité du temps de parole pendant la campagne entre les partisans du « oui » et ceux du « non ». En effet, la répartition actuelle, qui donne un tiers au gouvernement, un tiers à l'UMP et le reste au PS, revient à donner le monopole de l'expression aux partisans du « oui ». J'observe que, pour le moment, tel est le résultat pendant la « précampagne ». C'est aussi ce que souhaite le gouvernement pour la campagne officielle. Il prépare un décret en ce sens. Du côté du PS, les partisans du « non » n'auront pas droit à la parole. Pour ce qui est du financement de la campagne, les partis politiques recevront peut-être une dotation exceptionnelle : une alouette pour les partisans du « non », un cheval pour ceux du « oui », la dotation étant calculée au prorata de la représentation parlementaire. C'est la technique de l'Assommoir. Le « Prince » n'a

---

1. Alain-Gérard Slama, *Le Figaro*, 21 février 2005.

pas oublié la leçon de Machiavel : « Vite et fort ! » Il faut étouffer le « mouvement d'en bas ».

*

Hantés par le souvenir du référendum sur le traité de Maastricht, les propagandistes du « oui » mobilisent tous les arguments de la peur : « Dire non à la Constitution, ce serait dire non à l'Europe... Ce serait ouvrir une crise majeure, isoler la France, etc. »

Tous ces arguments peuvent être facilement réfutés. Une victoire du « non » serait d'abord une victoire de la démocratie. Ce sont « ceux d'en bas » qui, pour l'essentiel, ont envie de dire « non ». Le rêve des partisans du « oui » est que les Français d'un milieu modeste se réfugient dans le dégoût et surtout dans l'abstention[1], bref qu'ils consacrent cette « démocratie censitaire » où ne votent que ceux qui sont contents. Le monde du travail, ignoré, méprisé, sait que seule « la lutte paye » ! Et la lutte, en l'occurrence, s'exprimera plus efficacement par le bulletin de vote que par tout autre moyen, y compris la rue.

Au lieu de voter socialiste pour dire non à l'UMP, ce qui revient – pour l'essentiel – à voter pour le pareil contre le même, le référendum fournit le moyen de les renvoyer dos à dos : il suffit de dire « non » à la « Constitution euro-

---

1. Dans un sondage CSA des 24-25 février 2005, 59 % des sondés déclaraient « ne pas vouloir voter ».

péenne ». Là est l'exigence d'un changement véritable qui obligerait les uns et les autres à revoir leur copie et à remettre en cause les postulats qu'ils partagent, en réalité au moins depuis Maastricht. Coup double ! Il est des circonstances où le bulletin de vote est « révolutionnaire » au bon sens du terme. Il obligerait l'Europe à faire cette « révolution copernicienne » qui la réconcilierait avec ses nations, et donc avec la démocratie.

*

La victoire du « non » est-elle possible face à une telle coalition de tous les bien-pensants ? J'ai le souvenir du référendum corse de juillet 2003 où, contre le gouvernement appelant à voter « oui », contre M. Sarkozy, alors ministre de l'Intérieur, et qui n'avait pas ménagé sa peine, contre le Parti socialiste, initiateur du processus de Matignon, contre les Verts et contre les indépendantistes du FLNC, et malgré l'appel du Président de la République à deux jours du scrutin, la majorité de nos concitoyens de Corse ont répondu « non » à un projet qui les mettait à l'écart de la République. En face, Émile Zuccarelli, Nicolas Alfonsi, bref, le meilleur des radicaux de gauche, M. Polverini, dissident de la droite, et moi-même, au nom du « Mouvement républicain et citoyen » : le peuple, quand il connaît la réalité d'expérience, sait échapper aux consignes des états-majors ! Et qu'en est-il résulté ? Le projet néfaste de « statut particulier » a été enterré ! Ni Ajaccio ni Bastia n'ont été submergés par un tsunami !

*

Les hérauts du « oui » évoquent une « crise majeure » si le « non » l'emportait. François Hollande clame qu'une victoire du « non » ne serait pas une défaite de M. Chirac, mais une défaite de la France[1]. Je pense exactement l'inverse : le peuple français, enfin, se ferait respecter. Accessoirement, ce serait peut-être une défaite de M. Chirac, mais tout autant de François Hollande et de l'orientation social-libérale de la direction actuelle du Parti socialiste. Le peuple français ferait d'une pierre deux coups. Libéraux sociaux et sociaux-libéraux devraient commencer à s'interroger. Mais où serait la crise en Europe ? Le traité de Nice signé en 2000 s'applique déjà et s'appliquera de toute façon jusqu'en 2009, date prévue pour l'entrée en vigueur de la « Constitution ».

Ceux qui ont négocié et signé ce traité (y compris Jacques Chirac, qui le qualifiait en décembre 2000 de « meilleur texte européen depuis le traité de Rome »), nous expliquent aujourd'hui qu'il est mauvais. Certes, il n'est pas bon, mais il n'est pas pire que la « Constitution européenne », loin de là ! D'abord, il ne prétend pas être une « Constitution ». Ensuite, il main-

_____________

1. *Le Monde*, 22 février 2005.

tient dans les votes au Conseil une raisonnable parité entre la France et l'Allemagne, parité qui a existé depuis l'origine parce que les « pères de l'Europe » ont considéré, à juste titre, qu'elle était le gage d'un partenariat équilibré et durable entre les deux pays. Par ailleurs, le traité de Nice avait une conception plus restrictive des compétences européennes et préservait mieux, par exemple, l'« exception culturelle ». Enfin, le traité de Nice rend un peu plus difficile la réunion d'une majorité qualifiée, mais est-ce vraiment un défaut ? Il oblige à négocier un peu plus longuement avec les pays récalcitrants, mais n'est-ce pas plus démocratique ? Et que vaut l'argument de l'efficacité quand des intérêts essentiels sont en cause ? Bien sûr, le traité de Nice comporte toutes les imperfections des traités antérieurs, qu'il faudrait corriger, mais il en va de même pour la « Constitution européenne » qui non seulement n'a rien corrigé mais entend pérenniser toutes les mauvaises règles. C'est un « paquet cadeau » dont les générations futures se passeraient bien !

Un vote « non » n'entraînerait donc aucun chambardement institutionnel dans l'immédiat. Mais il aurait, à terme, un effet de souffle : il obligerait l'ensemble des dirigeants européens à réfléchir et à redéfinir le contenu de l'entreprise européenne. Dominique Strauss-Kahn me rétorque qu'il s'agirait d'un « souffle atomique » : il parle pour tous ceux qui ont choisi de lier leur avenir au social-libéralisme, et plus généralement au monde tel qu'il va. Je connais cependant leur instinct de conservation : ils survivront à une victoire du « non ». Ils ne seront pas vitrifiés : ils chercheront à se rétablir ; ils feront alors quelques concessions qui leur paraissent aujourd'hui hors d'atteinte. Ce sera l'effet de souffle de la démocratie.

Pour sauver l'idée européenne, pour la remettre à l'endroit, pour éviter la dilution de l'Europe dans une grande zone de libre-échange inféodée à la puissance américaine et où nous ne pourrions pas défendre nos intérêts les plus légitimes, il est indispensable de dire « non ». Cela ne suffira peut-être pas, mais il faut un commencement à tout. À vrai dire, nous n'avons pas besoin de « Constitution » ! Le vrai danger pour notre pays et pour l'Europe, c'est de maquiller, derrière des proclamations verbeuses, leur sortie de l'Histoire. Le véritable enjeu du référendum est donc d'abord celui d'une réappropriation de son destin par le peuple français.

La construction d'un « peuple européen » serait, selon Dominique Strauss-Kahn, « retardée de dix ans ». À la bonne heure ! La France respirera. En effet, la France marche au « projet » : il n'est pas vrai qu'elle puisse se satisfaire de compromis technocratiques négociés dans des sphères qui échappent complètement à la démocratie. Un espace républicain renaîtra, à partir duquel il deviendra possible de redéfinir le projet européen. Quelle étrange idée que de vouloir faire une « Constitution » pour trente peuples qui n'ont pas vraiment délibéré de ce qu'ils voulaient faire ensemble !

Je ne crois pas du tout, comme Jean-François Poncet, qu'un « non » républicain, en France, fragiliserait la relation franco-allemande. Je suis beaucoup plus confiant dans la force et dans l'avenir de notre relation. Nos deux pays sont confrontés à des problèmes similaires (chômage, désindustrialisation, euro fort, exigences excessives de la Commission en matière industrielle et budgétaire) et partagent des intérêts géostratégiques communs. Nous nous retrouverions ensemble pour remettre à plat ce qui mérite de l'être.

La victoire du « non » créerait un formidable sursaut de la conscience en France et en Europe. Elle politiserait immédiatement l'opinion publique à un niveau sans précédent depuis des lustres. Elle ferait aussi lever la conscience politique dans la jeunesse qui en éprouve l'ardent besoin. Ce serait pour elle un « baptême du feu ». Naturellement, elle ne se tournerait pas contre l'idée européenne, mais formulerait l'exigence légitime que la construction européenne prenne en compte son avenir qui est aussi l'avenir de la France.

La victoire du « non » ne serait pas seulement un coup d'arrêt à une dérive mortifère. Elle ouvrirait l'ère des remises en question nécessaires. Elle créerait un « appel d'air ». Que le « non » l'emporte dans le pays, par excellence fondateur de la construction européenne, manifesterait l'exigence d'un nouveau départ par rapport à l'actuelle fuite en avant dans une grande zone de libre-échange sans cesse élargie.

*

La France serait-elle isolée ? Cette peur, orchestrée par les propagandistes du « oui », notre peuple la connaît bien : c'est l'argument des conservateurs à la veille de toute grande échéance électorale : c'est « oui » ou le chaos !

La France a pu certes paraître isolée à plusieurs reprises dans son histoire : en 1789, quand elle adopta la Déclaration des droits de l'homme et du citoyen ; en 1792, quand elle répondit par Valmy au manifeste de Brunswick ; en février 1848, quand elle donna le signal du « printemps des peuples » ; en 1875, quand elle choisit, la première en Europe en dehors de la Suisse, la forme républicaine ; en 1964, quand elle se retira de l'organisation militaire intégrée de l'OTAN ; en 1981, quand elle choisit l'union de la gauche, et même en 2003, quand elle s'opposa au sein du Conseil de sécurité de l'ONU, à l'invasion de l'Irak par les États-Unis. Mais, à chaque fois, la France portait une idée plus grande qu'elle : le « non » républicain à la « Constitution européenne » serait un « oui » à une Europe des nations, démocratique, indépendante et solidaire.

Il ouvrirait une nouvelle ère de la construction européenne, obligerait, pour la première fois peut-être depuis 1981, les dirigeants à tenir compte de la volonté des dirigés. Ce serait certes une défaite de cette partie des classes dominantes qui ne conçoit son avenir que sous l'ombrelle américaine, mais ce serait une victoire des classes populaires. De l'en bas contre l'en haut !

Si inégal que puisse paraître le combat, il faut donc que toutes les forces disponibles s'y engagent. Ce n'est sans doute pas l'ultime combat, mais, s'il était perdu, il faudrait des circonstances entièrement nouvelles pour effacer ce « oui » donné à la « fin de l'Histoire ». Notre peuple a accepté, non sans un profond doute, le traité de Maastricht en 1992. Un vieux proverbe dit qu'un homme – et il en va de même pour un peuple – peut s'en prendre, quand il a été trompé, à ceux qui l'ont trompé. Mais s'il se laisse tromper une deuxième fois, il ne doit s'en prendre qu'à lui-même.

Un « oui » à la « Constitution » lesterait l'avenir de la France. L'argument nous serait resservi à satiété et pour longtemps : le peuple français n'aurait-il pas lui-même approuvé son effacement ? La victoire du « oui » ferait tomber sur le pays une chape de plomb, et, à terme, par la mise en place d'un carcan antidémocratique, il ouvrirait une ère de troubles dont il n'y aurait pas d'issue par la voie des urnes, sauf à faire jouer une clause de sortie de l'Union européenne. Ce serait un choix beaucoup plus risqué que de remettre en cause aujourd'hui le projet de

« Constitution ». Avant de nous enfermer dans cette souricière, mieux vaut y réfléchir à deux fois. Car, encore une fois, ce n'est pas l'Europe qui est en jeu, c'est l'ensemble des règles à la fois libérales et tracassières, procédurières et paralysantes, dans lesquelles tous ceux qui n'ont pas lu le traité risquent de se trouver piégés par l'effet même de leur bonne foi trompée !

À l'inverse, une victoire du « non » serait une victoire de la France, de la résistance française. Le « non » serait une manifestation de la vie démocratique. M. Sarkozy a beau dire : « nous n'avons pas le droit de dire non[1] », on a quand même le droit de répondre « non » à une question que pose à la nation le Président de la République ! Ce « non » serait une manifestation de la vie tout court.

Pour le suicide, il y a un mode d'emploi : votez « oui » !

En revanche, la France, en votant « non », donnerait l'élan à un débat qui ne manquerait pas de s'internationaliser rapidement. L'expression de la volonté populaire serait contagieuse.

Un « non » républicain ouvrirait l'avenir, celui d'une « autre Europe », refondée dans la volonté des peuples. Il nous ferait retrouver la terre ferme de la démocratie qui permet d'aller vers l'Europe libre que nous voulons, et non pas, derrière l'invocation pieuse, vers l'Europe inféodée dont nous ne voulons pas.

---

1. Congrès de l'UMP, 6 février 2005.

Dans la construction, en Europe, d'un acteur stratégique à l'échelle mondiale, on ne peut, sans naïveté ou rouerie, faire l'économie des contradictions et des conflits inévitables. Un « non » français à la « Constitution européenne » ne serait pas un « non » à l'Europe, mais un « non » républicain à l'abandon de la souveraineté populaire et des grands principes de démocratie, de citoyenneté, de laïcité et d'égalité posés par la Révolution française. Il signifierait, après la phase d'expansion libérale vers l'Est, le surgissement, à l'Ouest de notre continent, d'une volonté démocratiquement exprimée de réorientation de la construction européenne. Les principaux responsables politiques, liés par le vote du peuple français, auraient le devoir de se concerter. Les leaders républicains du « non » feraient la tournée des capitales européennes. Le Président de la République serait non seulement contraint mais il aurait intérêt à s'appuyer sur la victoire du « non » pour renégocier les textes européens. Ce serait un coup d'accélérateur donné aux projets qui flottent dans l'air : de gouvernement économique de la zone euro, de révision des statuts de la Banque centrale et du pacte de stabilité budgétaire, de renouveau de la politique industrielle et technologique, projets que l'adoption de la « Constitution » empêcherait juridiquement de mettre en œuvre. Comme après l'échec de la Communauté européenne de défense (CED) en 1954, les imaginations se remettraient en marche. Non seulement le rejet de la CED par le Parlement français ne fut pas une catastrophe : c'eût été placer la France dans une armée de supplétifs sous commandement américain ; mais ce vote ouvrit la voie à deux évolutions beaucoup plus rationnelles : en France, l'indépendance de notre défense, et, en Europe, la création du Marché commun.

L'absence de « Constitution » non seulement ne serait pas un mal, ce serait un bien : il n'y aurait plus d'enrôlement obligatoire, sous la bannière de l'OTAN, pour la défense commune ; il y aurait place pour des coopérations à géométrie variable que des textes désuets ne pourraient plus empêcher. Nous serions déliés de règles absurdes et paralysantes. La démocratie recouvrerait ses droits. La France revivrait. Et il serait possible, surtout, d'inventer l'Europe dont nous avons besoin, à la fois ambitieuse et pratique, telle que j'en ai dessiné les contours.

Soyez euroréalistes : Pour l'Europe, votez non !

# Table

Cet ouvrage a été composé par
PARIS PHOTOCOMPOSITION
75017 Paris

www.ingramcontent.com/pod-product-compliance
Lightning Source LLC
LaVergne TN
LVHW010634060726
842527LV00013B/3194